Y2 39222

Paris
1867

Goethe, Johann Wolfgnag von248

Werther

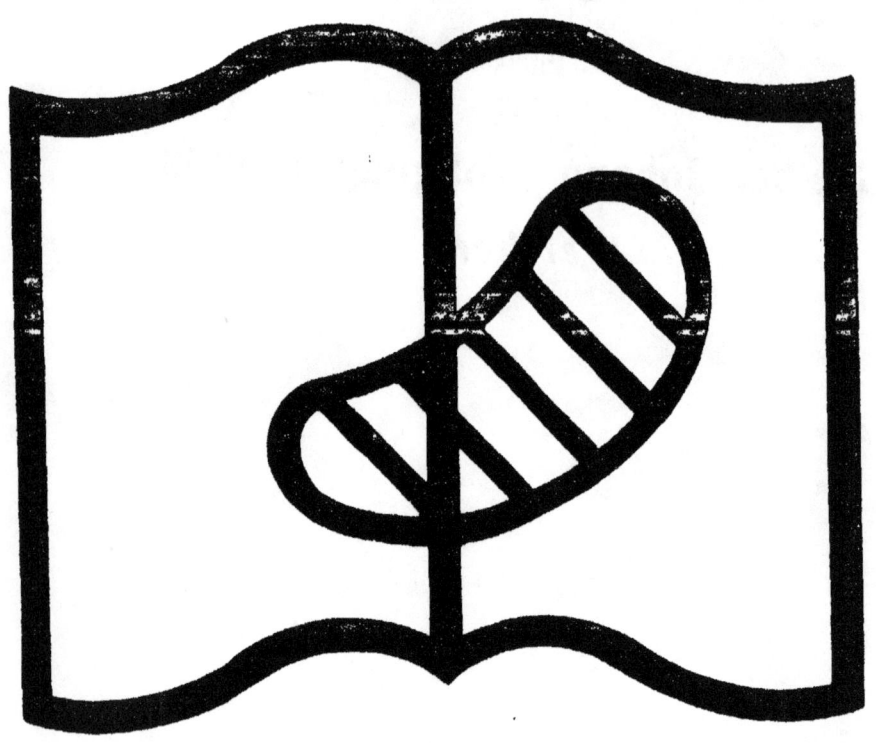

**Symbole applicable
pour tout, ou partie
des documents microfilmés**

Original illisible

NF Z 43-120-10

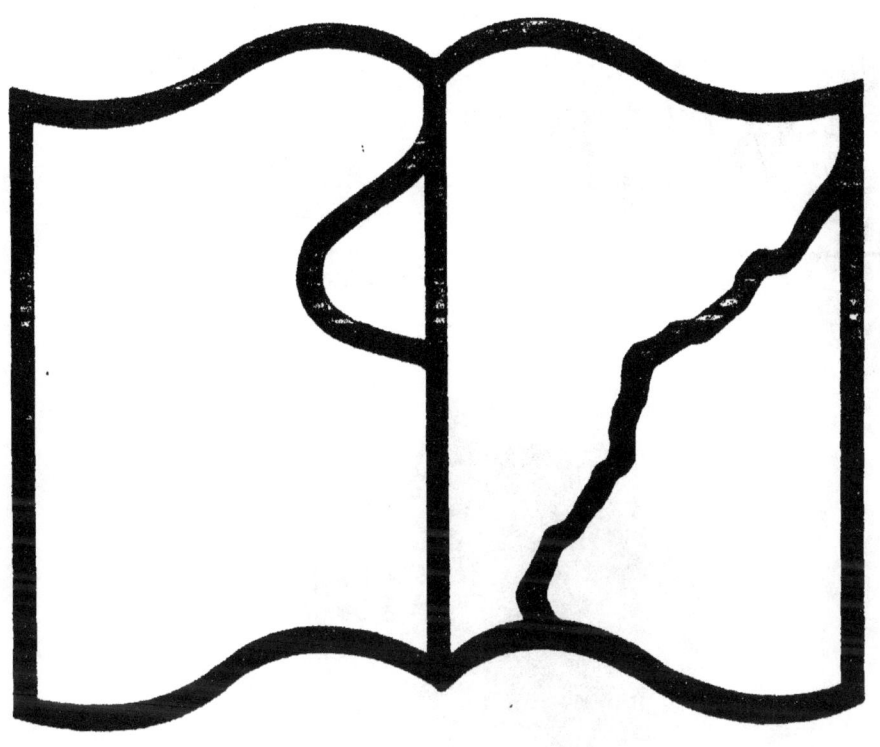

**Symbole applicable
pour tout, ou partie
des documents microfilmés**

Texte détérioré — reliure défectueuse

NF Z 43-120-11

GOETHE

WERTHER

TRADUCTION NOUVELLE

PAR LOUIS ÉNAULT

PARIS
LIBRAIRIE DE L. HACHETTE ET Cie
BOULEVARD SAINT-GERMAIN, N° 77

WERTHER

PARIS. — IMP. SIMON RAÇON ET COMP., RUE D'ERFURTH, 1.

WERTHER

PAR GOETHE

TRADUCTION NOUVELLE

ET NOTICE BIOGRAPHIQUE ET LITTÉRAIRE

DE LOUIS ÉNAULT

QUATRIÈME ÉDITION

PARIS
LIBRAIRIE DE L. HACHETTE ET Cie
BOULEVARD SAINT-GERMAIN, 77

1867

A

M. JULES SANDEAU

LOUIS ÉNAULT.

INTRODUCTION

GOETHE ET WERTHER

Il y a, sur la grande place de Francfort, une statue colossale de Goethe. Rien n'altère la majesté paisible et haute de ce front, puissant comme celui du Jupiter de Phidias. On devine, à travers les prunelles d'airain, le regard profond et l'âme impassible ; un sourire, où l'ironie est mêlée à la grâce, s'est éternisé sur une bouche aux lèvres fines et serrées.

Voilà bien Goethe tel que la postérité le verra.

C'est ainsi qu'il posa pour elle pendant les quarante dernières années de sa longue et glorieuse vie. L'artiste avait tué l'homme. Le poëte s'était élevé au-dessus de la condition précaire et agitée de l'humanité, qui n'était plus pour lui qu'un sujet de thèse, une matière à développement poétique. Le sentiment ne déborda plus de son cœur comme d'un vase trop plein. Aussi, au milieu des émotions pleines de trouble de la passion contemporaine, ses productions sont empreintes de la sérénité radieuse de l'art antique.

Comme nous tous, cependant, il avait eu les joies en fleurs de la vingtième année, les riantes illusions et le long espoir des premiers printemps ; puis, c'est le sort commun, il avait connu la douleur avec l'amour. Cette main ferme et froide, qui si longtemps cisela dans le Paros des strophes plastiques dont rien n'attendrissait la beauté, cette main un jour a tressailli, elle a frémi !

C'est au livre de *Werther* que se rattachent les plus vifs souvenirs de la jeunesse émue du grand poëte, et ce livre a eu sur lui-même une influence non moins grande que sur ses lecteurs. Il a été comme la transition douloureuse et nécessaire entre deux époques ; il l'a fait passer du cercle étroit des réalités personnelles dans l'infini de la vie artistique et idéale.

Les livres ont une histoire, souvent plus intéressante que le livre même, car c'est l'histoire d'une pensée ; et on pourrait écrire leur biographie comme celle des hommes.

Une publication récente de M. Kestner, ministre de Hanovre à Rome, nous donne, pour *Werther*, tous les éléments de cette biographie. Elle a pour titre : *Goethe und Werther. Briefe Goethe's ; meistens aus seiner Jugendzeit, mit erläuternden Documenten.* (Goethe *et Werther; Lettres de Goethe, pour la plupart de sa jeunesse, avec des documents explicatifs.*) M. Kestner est le fils de Charlotte et de celui qui, dans le roman, s'appelle Albert. Il lui a suffi, pour nous enrichir, d'ouvrir ses mains qui étaient pleines. Il a retrouvé dans ses papiers de famille les commentaires du plus célèbre livre qui soit sorti de son pays. Les lettres de la jeunesse de Goethe ont paru il y a quelques mois à peine, et elles sont déjà dans toutes les mains.

Cette correspondance nous a rendu Goethe avec son individualité la plus aimable. Dans cette restauration d'une belle et noble médaille, c'est surtout le côté humain qu'elle a restitué : le demi-dieu est d'un bronze inaltérable ; il n'aura jamais besoin de restauration. Les lettres de Goethe sont précieuses à ceux qui, dans l'auteur, veulent surtout voir l'homme. Goethe lui-même ne pouvait pas faire pour sa mémoire ce que ses lettres ont fait. Quand on parcourt le livre auquel il a le plus confié de sa vie: *Dichtung und Wahrheit* (*Vérité et Poésie*), on ne retrouve pas le charme de simplicité naïve et d'émotion vraie qu'il y a dans ces lettres. C'est que le livre a été écrit pour la postérité, et les lettres pour Charlotte. Quand une fois il fut entré dans la sphère brillante et raréfiée de de la gloire, il ne laissa plus couler sa veine si abondante et si franche. Parfois encore il revenait bien dans le ciel de son âme comme un rayon doré des premiers beaux jours ; mais les préoccupations et les soucis, ces nuages de la vie, l'avaient bientôt obscurci. Il le savait lui-même et le disait, non sans quelque ombre de regret. « C'est en vain que je voudrais à présent me rappeler le passé, et les forces de mon âme, et les délices que je goûtais dans la vallée de Wetzlar, alors que seulement LA voir était une fête pour moi, et qu'il eût fallu imprimer en rouge tout mon calendrier ! » Mais cette grâce de la jeunesse évanouie, cette fleur parfumée du premier amour — du chaste amour ! — qui ne veut plus renaître, même sous l'évocation puissante du génie, nous la retrouvons, fraîche éclose, dans la correspondance de Goethe. Ce n'est pas seulement une conquête sur l'oubli, c'est une conquête sur le poëte lui-même.

Je ne me suis jamais étonné du prix singulier qu'on attache aux lettres autographes d'un homme de génie ou d'une femme célèbre. Il y a là plus que la pensée ; il y a, pour ainsi dire, le son même de la voix et l'accent vivant de la parole.

M. l'ambassadeur de Hanovre semblait vouloir condescendre à ce goût du public, et, avant l'impression de ses précieux manuscrits, il communiquait les autographes de Goethe avec une courtoisie sans égale, non-seulement aux compatriotes et aux anciens amis du grand poëte, mais à tous ceux qui se recommandaient à sa bienveillance par le culte et l'amour des choses de l'esprit.

Pour des yeux qui savent voir et qui discernent, l'aspect seul de ces lettres suffirait à révéler l'originalité du caractère de Goethe. L'écriture a une physionomie comme le visage. Chez les natures passionnées, elle est changeante et mobile comme l'âme. Chez Goethe, quand il est calme, l'écriture est longue et un peu maigre, assez correcte : c'est une écriture aristocratique. Mais souvent la fièvre l'emporte : alors elle est tremblée, irrégulière, et, pour ainsi parler, impétueuse; si pressée de tout dire qu'elle ne dit les choses qu'à moitié; tantôt elle est abattue, couchée et formée à peine, comme une pensée indécise qui flotte à l'état de rêve, sans avoir la force de se préciser en jugements résolus; d'autres fois elle est nette et soignée; elle se complaît en elle-même et s'attarde, comme une âme heureuse qui garde et caresse ses chimères.

Goethe ne devait pas consacrer une bien grosse somme à ses frais de bureau. Ses lettres sont écrites sur du papier de toutes formes et de toutes couleurs, sur le brouillon d'une pièce de vers, sur le placard d'une épreuve, sur une enveloppe qu'il reprenait au panier des rebuts. Presque toutes ces lettres sont closes par un sceau de cire rouge. Tantôt le sceau porte le G initial de son nom, avec les entrelacements gothiques alors en vogue; tantôt c'est une cage entr'ouverte avec un oiseau qui s'envole à tire-d'aile. Depuis le voyage d'Italie, ce fut presque toujours un *antique*, un Socrate, une Minerve, un Amour, un lion. La diction de ces lettres est fort peu soignée, mais souvent charmante, et toujours vive en ses incorrections; la syntaxe est traitée avec un sans-façon cavalier, et l'orthographe est pleine de fantaisie. Goethe ne se soumet pas non plus à la politesse formaliste de l'étiquette allemande; il se sert du *toi* avec Charlotte, à qui son mari réserve discrètement le *vous*. Kestner disait spirituellement à ce propos : « Il faut bien qu'il ait quelques compensations ! » Je veux relever encore une particularité : les lettres de Goethe ne sont jamais datées. Il prétendait que l'on ne doit dater que les lettres de change. Le minutieux, mais indulgent Kestner, avait fini par prendre son parti de cette négligence. Il ne se plaignait plus ; c'était inutile. Mais, dès qu'il recevait une lettre, son premier soin était de la dater lui-même, pour sa propre satisfaction.

C'est avec Goethe et avec Kestner que nous essayerons de faire en quelques mots l'histoire de Werther, avant d'offrir Werther lui-même à nos lecteurs.

I

Goethe avait vingt-trois ans quand, par une matinée de printemps, il arriva dans la petite ville de Wetzlar.

Wetzlar, aujourd'hui, n'est guère connu que par le souvenir de Goethe. On y fait ce que les Allemands appellent le pèlerinage de Werther : on va voir le portrait de Charlotte dans une salle du palais grand-ducal ; on montre la maison qu'elle habitait, et qu'on appelle encore la *maison allemande*.

Mais vers la fin du dix-huitième siècle, Wetzlar avait un certain renom dans le monde diplomatique. Il était fréquenté par des gens de haut parage. C'était le siége de la haute cour germanique, et les puissances allemandes s'y faisaient représenter par des ambassadeurs ou des chargés d'affaires. Goethe y arriva, disons-nous, au printemps de l'année 1772. Il était docteur en droit; mais il avait, outre son diplôme, cette passion des lettres qui ne vous quitte plus quand une fois elle vous a pris. Son père l'envoyait à Wetzlar pour qu'il y étudiât le droit international et la procédure formaliste des chancelleries germaniques. Les enfants ne font pas toujours ce que veulent leurs pères : l'avenir décide qui a raison : Goethe lisait Homère plus souvent que Grotius, et préférait Pindare à Puffendorf.

Ainsi se passèrent pour lui ces jours enchantés de la première jeunesse, à qui l'espérance sourit, et où l'on n'a pas encore de douleurs parce qu'on n'a pas encore de souvenirs ; il avait apporté la poésie à Wetzlar, il y trouva l'amitié!... Il y rencontra l'amour... mais il ne le vit qu'en passant.

Un jour, il était dans les prés de Lahnthal, discutant art et philosophie avec quelques compagnons de rêveries et d'études. Un jeune homme vint à eux : on l'appelait Christian Kestner ; il débutait dans la diplomatie comme secrétaire de l'ambassadeur de Hanovre. Goethe lui offrit un siége... sur l'herbe. Kestner mêla sa gravité à l'enjouement des autres. On revint ensemble à la ville. Le jeune secrétaire fut content du jeune docteur ; du premier coup il lui reconnut du génie... « Mais, ajoute-t-il avec ce bon sens que rien n'éblouit, cela ne me suffit pas pour l'estimer. Je ne hâte jamais mon jugement. » Et quelques jours après, il écrit dans ses notes :

« M. de Goethe a beaucoup de talent ; c'est un génie, un caractère ; il a l'imagination vive, il parle en images. *Ses affections sont violentes, mais il les contient.* Ses principes sont nobles ; il dédaigne les préjugés. Toute contrainte lui est odieuse. Il aime les enfants, il peut s'occuper avec eux. Dans sa conversation et dans son extérieur, il y a des choses qui peuvent bien parfois le rendre désagréable ; mais les enfants et les femmes s'en accommodent à merveille. Il tient le *beau sexe* en grande estime. Il cherche son système. Il n'est pas encore ferme sur les principes (*in principiis*, dit le texte, le bon Kestner aime à montrer de temps en temps un petit bout de latin) ; il tient à Rousseau, sans être son adorateur aveugle ; il n'est pas orthodoxe, mais il ne fait pas parade de son incrédulité. Il hait de faire le personnage ; et c'est seulement devant quelques-uns qu'il communique ses idées sur certaines matières... Il a déjà travaillé beaucoup, mais il a encore plus réfléchi et raisonné. Les belles-lettres et les beaux-arts sont le principal objet de ses études. » Enfin Kestner conclut par cette affirmation qui a sa valeur, venant d'un jugeur qui attend pour se prononcer : « C'est un homme remarquable ! »

Bientôt un nouveau personnage se trouva mêlé à la vie de Goethe. Je veux parler de mademoiselle Buff, celle que le monde aime encore sous le nom de Charlotte.

Les mémoires de Kestner soulèvent un coin de rideau de la vie allemande et nous laissent voir un tableau d'intérieur délicieux.

On sait comment, dans *Werther*, Goethe parle de

Charlotte et du monde aimable qui l'entoure. On sera peut-être curieux d'entendre Kestner après lui. L'accent de la vérité ne le cède point ici à la poésie. Kestner écrit à son vieux professeur Hennings :

« Je suis reçu à Wetzlar dans une famille qui appartient au meilleur monde : un père d'une incontestable loyauté, aimable vieillard, à qui la tempérance et sa bonne nature ont laissé toutes ses forces, malgré les années; obligeant pour tous et parfaitement juste, un peu rude peut-être, si on le compare à la personne dont je vais maintenant vous parler, mais cependant rempli d'amour pour les hommes. La mère! — ici, vraiment, je ne sais par où commencer, — en un mot la meilleure femme, la meilleure mère, la meilleure amie ! avec des charmes encore, à quarante ans, mais sans le savoir ou sans paraître le savoir, et le cœur le plus doux, le plus charmant, le plus affectueux et le plus tendre. De la pénétration, de l'intelligence, un savoir véritable et un aimable esprit; la vertu et la piété même; honorée de chacun, adorée de ses enfants. Sort-elle? tous, grands et petits, sont troublés et malheureux de son absence ; revient-elle? quel bruyant accueil! ce sont des cris de joie, des serrements de mains, des baisers et des embrassements, de gais visages et des questions pressées! on lui demande où elle a pu rester si longtemps; on lui raconte ce qui est arrivé pendant son absence... Mais je passe aux enfants. Il y a d'abord deux filles de dix-huit à seize ans... Celles-ci, comme tous les autres enfants, sont dignes de leur mère. L'aînée est régulièrement belle, paisible et calme. La seconde, j'en conviens, n'est pas aussi correcte, mais elle n'en est que plus séduisante. C'est un cœur plein de sentiment et de tendresse; son corps est aussi délicat que son esprit; compatissante à tout ce qui souffre; empressée à servir tout le monde; malheureuse, quand elle craint d'avoir blessé; ravie, quand il arrive du bonheur à quelqu'un; bienfaisante, affectueuse et polie; pas envieuse, ce qui se voit quelquefois chez les jeunes femmes, et même chez les vieilles. Une âme vive, allant droit au but, une âme qui a des ailes! et une présence d'esprit, une gaieté, une bonne humeur! et tout cela fait non-seulement son bonheur à elle, mais le bonheur de tout ce qui l'entoure. Elle est la joie de la maison, de ses parents comme de ses frères et de ses sœurs. Voit-elle un visage triste, vite, elle va l'égayer! Elle est aimée de tous et ne manque pas d'adorateurs, parmi lesquels on rencontre des sots et des gens d'esprit, des hommes sérieux et des étourdis. Elle est vertueuse, pieuse, appliquée, adroite dans tous les travaux de femme; de plus, docile, et d'une bonne volonté parfaite. »

Quand par hasard il est plus poëte que d'habitude, Kestner ajoute : « Son regard est doux comme une matinée de printemps! » Mais d'ordinaire le diplomate est assez positif, et il ne trouve pas de plus sûre manière de faire sa cour que d'aller de bonne heure à ses bureaux et d'en revenir tard.

Quoi qu'il en soit, voilà Charlotte!

On peut juger maintenant combien le roman côtoie la réalité ; en écrivant, Goethe n'a besoin que de se souvenir. Il n'y a qu'un nom de famille à changer. Ils se rencontrèrent vraiment, *elle* et *lui*, à un bal champêtre où l'on attendait Kestner, à qui Charlotte était non pas fiancée, comme on l'a répété trop souvent, mais simplement promise ; ils n'étaient plus libres devant leur conscience : ils étaient encore libres devant les hommes. Goethe alla souvent chez le père de Charlotte. On devine aisément le charme qu'il trouvait à ces visites. Madame Buff était morte depuis peu. Tout Wetzlar avait pleuré celle qu'on appelait *la mère aux beaux enfants*. Quoique Charlotte ne fût pas l'aînée, à la prière de sa mère mourante, et du consentement de tous, elle avait pris, d'une main légère et forte, le sceptre du petit royaume. Je ne sais rien d'attrayant comme cette maternité virginale d'une sœur, faite de clémence, d'enjouement et de raison, où la jeunesse tempère la sévérité ; c'est une autorité clémente qui ne s'impose que par la grâce, un pouvoir qui n'est pas sûr de ses droits et qui sent le besoin de se faire plus doux pour être mieux accepté. Goethe vit tout cela, et, dans *Werther*, les vingt pages qui suivent la rencontre de Charlotte et du héros, ont toute la fraîcheur de la plus suave idylle ; c'est un tableau pris sur la riante nature : le coloris de Greuze, avec plus de dessin.

Nous en rapporterons-nous à Goethe et à Kestner ? Charlotte était-elle vraiment belle ? J'ai vu une lettre inédite de J.-C. Boëk à Nicolaï ; elle est à la date du 8 mai 1775. « Madame la secrétaire, dit Boëk en parlant d'elle, madame la secrétaire n'est pas belle; cependant elle possède beaucoup d'agréments. » M. Boëk, en sa qualité de savant, pouvait fort bien ne pas s'y connaître; en tout cas, j'aurais quelque peine à faire accorder son jugement avec un portrait de Charlotte, gravé il y a deux ans par Schultheiss, et que j'ai eu presque toujours sous les yeux en traduisant *Werther*. M. Armand Baschet, un meilleur juge que M. J.-E. Boëk, et qui a parlé le premier en France de ces origines de *Werther*, a dit le mot vrai. « C'est une duchesse de Lamballe... bourgeoise... » Mais ce mot-là seul est encore un témoignage de beauté. C'est le même ovale, un peu moins allongé; les cheveux châtains sont abondants, souples et fins; le front uni, avec des tempes délicates, noblement coupé; l'œil bleu, bien ouvert, profond et paisible, laisse tomber, à travers de longs cils, un regard si pénétrant qu'il vous trouble, et si doux qu'il vous calme; la bouche, un peu grande, mais aux lignes pures et aux contours arrêtés, indique la fermeté et la droiture du caractère. Ce portrait est bien celui qu'on imagine après avoir lu *Werther*. C'est la tête aimable et positive tout à la fois de cette héroïne du devoir et de la raison.

Goethe l'aima bientôt d'amour. Il avoua noblement cet amour à Kestner, en lui jurant qu'il se résignait au rôle pénible, mais non sans secrètes douceurs, d'amant malheureux. Kestner eut confiance, parce qu'il savait Goethe passionné. Il ne faut se défier que des gens froids. C'est alors que commence cette amitié à deux et cet amour à trois dont Goethe a laissé dans *Werther* de si émouvantes peintures.

Ceux-là seuls comprendront *Werther* qui auront comme lui subi l'épreuve de ces liaisons douloureuses où il faut veiller son cœur et ne pas lui permettre de trop aimer ; toujours sur le point de franchir la limite défendue, et d'autant plus sûrement retenus, qu'on s'en est plus loyalement remis à leur honneur du soin de se garder contre eux-mêmes. Cependant la vie s'épuise à toujours saigner dans ces luttes sans issue, sans trêve et sans merci. Un jour vient où il faut succomber ou fuir. Werther succomba ; Gœthe fuit. Ici le roman et l'histoire se séparent complétement.

Mais il y a toujours entre la réalité et la fiction des analogies frappantes, auxquelles le poëte semble se rattacher comme à des souvenirs chers. La scène qui détermine le départ de Goethe ressemble fort à celle qui précéda le départ de Werther. Quand le poëte donne sa personnalité aux héros de sa fantaisie, il la leur reprend avec peine ! La date est la même dans le roman et dans la vie : 10 septembre !

Voici le passage des mémoires, on verra plus loin la page du roman.

« Cette après-midi, le docteur Goethe a dîné avec moi dans le jardin. Je ne savais pas que ce fût pour la dernière fois. Vers le soir, le docteur Goethe est venu à la maison allemande. Lui, Charlotte, et moi nous avons eu un étrange entretien sur l'état futur des âmes après la mort, sur le départ et le retour. Ce n'est pas lui qui a commencé, c'est Charlotte. Nous nous promîmes que celui de nous qui mourrait le premier reviendrait, s'il pouvait, donner aux survivants des nouvelles de l'autre vie. Goethe était abattu, car il savait qu'il partirait le lendemain. »

Le lendemain, en effet, c'était le 11 septembre : Goethe quittait Wetzlar pour toujours.
Kestner recevait le billet suivant :

GOETHE A KESTNER.

« *Il* sera parti, Kestner, quand vous recevrez ce billet, il sera parti. Donnez l'autre à Charlotte. J'ai eu du calme, mais votre conversation me déchirait. Dans ce moment je ne puis vous dire que ce mot : « Adieu ! » Encore une minute, et je ne me contenais plus ! A présent je suis seul, et demain je pars. O ma pauvre tête ! »

Voici maintenant le billet à Charlotte, à *Lotte*, comme il dit. Il est plein de passion et de trouble, il ne faut se permettre ces billets-là qu'à la dernière extrémité, quand tout est fini et qu'on ne se reverra plus.

GOETHE A CHARLOTTE.

« J'espère bien revenir, mais Dieu sait quand. O Charlotte, pendant que *tu* parlais, où était mon cœur? Quand je pensais que je vous voyais pour la dernière fois! Non pas pour la dernière fois. Cependant je pars demain. *Il est parti!* Quel démon vous a donc poussée à parler de ces choses? C'était bien de *là-haut* qu'il s'agissait pour moi! Non! c'était uniquement de cette terre où nous sommes, et de votre main que je baisais pour la dernière fois! Et cette chambre dans laquelle je ne retournerai plus! et ce cher père qui m'a accompagné pour la dernière fois! Maintenant, me voilà seul, et je puis pleurer. Je vous laisse heureux... Je ne sors pas de vos cœurs. Je vous reverrai! mais *pas demain, c'est jamais!*

« Dites à mes garçons... *Il est parti!* Oh! je ne puis pas continuer! »

Un second billet était renfermé dans celui-ci.

GOETHE A CHARLOTTE.

11 septembre 1772.

« Mon paquet est fait, Charlotte; le jour pointe; encore un quart d'heure, et je pars. Les images que j'ai oubliées et que vous distribuerez aux enfants, voilà mon excuse si je vous écris... quand je n'ai rien à écrire... Bon courage toujours, Charlotte. Seulement, pas d'indifférence! Oui, Lotte, j'aime à lire — cela me rend heureux! — j'aime à lire dans vos yeux la confiance où vous êtes que je ne changerai jamais. Adieu! mille fois adieu.

« Goethe. »

Le départ fut soudain. Je ne saurais en faire mieux connaître l'effet qu'en transcrivant ici une page des mémoires de Kestner. Ce fragment est à la date du 11 septembre 1772.

« Ce matin, vers sept heures. Goethe est parti sans prendre congé. Il m'a envoyé un billet avec des livres. Quand j'arrivai à la maison : « M. le docteur « Goethe a envoyé ceci sur les dix heures, » me dit-on. Je vis les livres et le billet, et je pensai en moi-même que tout cela voulait dire : *Il est parti!* j'étais désolé. Jean, le frère de Charlotte, arriva et me demanda *si c'était vrai.* La tante de Goethe, madame la conseillère intime (madame Langen), profita de l'occasion pour faire dire par sa servante qu'il était fort inconvenant à Goethe d'être parti sans prendre congé ; à quoi Charlotte répondit : « Pourquoi a-t-elle si mal élevé son « neveu?» A la maison tous les enfants disaient, chacun à leur tour : « Le docteur Goethe est parti! » A midi, je causais avec M. de Born, qui l'avait conduit à cheval jusqu'à Braunfels. Goethe lui avait parlé de l'entretien de la veille au soir. Il s'en allait le cœur brisé. Dans l'après-midi, je portai ces deux billets à Charlotte : elle fut affligée de ce brusque départ, et, pendant qu'elle lisait, les larmes lui vinrent aux yeux. Cependant elle était bien aise qu'il fût parti, car elle sentait qu'elle ne pouvait pas lui donner ce qu'il désirait (n'oublions pas que c'est un Allemand qui parle, et gardons-nous d'un sourire devant la candeur de cette chère âme). Nous ne parlions que de lui, continue Kestner. Je ne pouvais penser qu'à lui. Je lui écrivis tout ce qui était arrivé depuis son départ. »

Ce bon Kestner écrivait tout, même ce qu'on ne lui demandait pas. Ne s'avise-t-il pas de dire à Goethe que Charlotte n'a pas rêvé de lui ! A quoi le poëte répond une lettre passionnée, amicale, railleuse et tendre tout à la fois.

25 septembre.

« Ah ! Charlotte n'a pas rêvé de moi... Eh bien, je lui en veux. Cette nuit, je veux qu'elle en rêve... et qu'elle ne vous le dise pas... N'avoir pas même rêvé de moi... honneur que nous rendons aux plus indifférentes des choses qui nous entourent !... Et moi ! si j'ai été à elle corps et âme !... si j'ai rêvé d'elle... et à elle... nuit et jour !

« Dieu le sait... C'est quand je me crois le plus sensé que je suis le plus fou... C'est un démon que le génie qui m'a voituré à ce bal où je l'ai rencontrée. Non ! c'est un génie divin... et je ne voudrais pas avoir passé mieux mes jours à Wetzlar. Les dieux ne m'en donneront plus comme ceux-là... Ils s'entendent bien à punir!... demandez à Tantale. Bonne nuit... Bonne nuit! c'est ce que je viens de dire au portrait de Charlotte! »

Cette lettre est datée de Francfort. Goethe y était revenu, tout meurtri des aventures de son cœur. Il ressentait amèrement ces angoisses qui suivent la séparation. Il retrouvait partout la chère absente, et tout le rappelait à lui, tout, jusqu'aux heures monotones qui s'écoulaient sans elle! Lisez plutôt :

Samedi soir, après souper.

« C'était le moment où j'allais chez vous ! C'était la *petite heure* (*Stundgen*) où je la rencontrais... A présent, j'ai tout mon temps pour écrire. Si seulement vous pouviez voir comme je m'applique! Mais tout perdre à la fois! tout, tout ce qui était depuis quatre mois ma félicité !

« Je ne crains pas que vous m'oubliiez. Et cependant je songe au revoir. Que cela marche ici comme cela pourra! Je reverrai Charlotte quand je pourrai lui faire confidence que je suis amoureux, mais là, sérieusement amoureux ! — Pas avant! Que font mes chers garçons? que fait Ernest? Il vaudrait mieux ne pas vous écrire, il vaudrait mieux laisser mon imagination en repos... Mais voici sa *silhouette* suspendue devant moi; c'est pire que tout. Adieu! »

Ainsi, lentes et douloureuses, passaient les longues semaines, et, comme dit Homère, *il mangeait son cœur*. Mais le poëte est parfois chose légère. Peu à peu à peu Gœthe retrouva la paix dans l'exercice bienfaisant de l'activité, dans les letttres qu'il écrivait à Charlotte (la peine se charme elle-même en se racontant), dans le travail béni, le plus certain et le plus affectueux des consolateurs. Le sourire reparaît sur ses lèvres ; la raillerie en soulève les coins mobiles ; il ne vit pas encore pour lui, mais déjà il se mêle à la vie des autres. Cependant le mariage de Kestner et de Charlotte était arrêté. On en fixa l'époque. Ce mariage, c'était le coup de grâce de l'amour. Goethe prit assez bravement son parti. C'est lui qui voulut offrir aux époux ces anneaux symboliques que l'on appelle des *alliances*. De la part d'un amoureux, c'était presque de l'héroïsme.

Voici le billet d'envoi.

GOETHE A KESTNER

« Si vous n'avez pas les anneaux depuis huit jours, ce n'est pas ma faute : enfin les voici. Ils doivent vous plaire.

« Pour moi, du moins, j'en suis content. Il y a huit jours, mon gaillard de bijoutier m'en a envoyé une paire, mais si grossiers et si mal tournés ! Allons ! il en faut faire d'autres... Les voilà faits ; je les trouve bien. Et maintenant, que ce soient là les premiers anneaux de la chaîne de félicités qui doit vous attacher à cette terre, comme à un paradis. Je suis à vous, tout à vous, mais à présent je n'ai pas grand désir de vous voir, ni vous, ni Charlotte. Le jour de Pâques, qui sera probablement le jour de votre mariage, peut-être même après-demain, sa silhouette disparaîtra de ma chambre, pour n'y plus reparaître qu'à la nouvelle de ses couches. Ce sera pour moi comme une nouvelle époque. Je ne l'aimerai plus, elle, mais j'aimerai son enfant, peut-être un peu à cause d'elle. »

Pas *un peu*, docteur Goethe, mais *beaucoup* à cause d'elle! Après la femme que nous avons aimée ou que nous aimons, rien ne nous est plus cher au monde que son enfant, vivante image d'elle, image attendrie qui nous rend le charme de son regard et la grâce de son sourire!

Mais bientôt, secouant légèrement sa douleur, Goethe ajoute avec un enjouement vrai ou feint :

« Si c'est un garçon, qu'il devienne fou de toutes les filles qui ressembleront à sa mère ! »

Quand on fait de l'esprit avec ses chagrins, le danger est passé.
Un billet pour Charlotte était joint à cette lettre.

« Puisse mon souvenir être toujours avec vous, comme cet anneau, dans votre félicité! Chère Charlotte, nous nous reverrons, dans bien longtemps, vous cet anneau au doigt, et moi encore toujours pour vous... je ne trouve ni nom ni surnom, mais vous me connaissez. »

L'adresse était ainsi :

« A Charlotte Buff,
   « autrefois nommée :
      « La chère Lotte.
      « Remettre à la maison allemande. »

On ne marche jamais d'un pas sûr dans la voie âpre qui nous éloigne de ce que nous avons aimé. Il y a des secousses et comme des rechutes du cœur, qui n'arrivent pas toujours au moment le plus périlleux, comme si l'ennemi savait que pour ces moments-là nous avons rassemblé nos forces. Il vous attend à quelque détour du chemin, comme le voleur au coin d'un bois. Le mariage eut lieu plus tôt que Goethe ne l'avait cru. Tout était consommé quand la nouvelle lui arriva. Il en éprouva comme un contre-coup brusque, et sa blessure se rouvrit. Voici comment il répond au *billet de part* des nouveaux époux :

GOETHE A KESTNER.

« Vous m'avez surpris ! que Dieu vous bénisse ! Le vendredi saint, je voulais faire un saint sépulcre et y enterrer la silhouette de Charlotte. Elle est encore à ma muraille... qu'elle y reste jusqu'à ma mort. Adieu ! saluez pour moi votre ange et la petite Éléonore ; qu'elle devienne une seconde Charlotte, et qu'elle ait le même bonheur ! *Je marche dans un désert où il n'y a pas d'eau ; mes cheveux me donnent de l'ombre ; et pour puits, j'ai mon cœur !* Et cependant votre vaisseau, qui entre au port le premier, avec des hourras et pavoisé aux milles couleurs, me réjouit ! Je ne vais pas en Suisse, et, au-dessous et au-dessus du ciel de Dieu, je suis votre ami et l'ami de Charlotte ! »

Peu à peu les lettres de Goethe devinrent moins fréquentes. L'image de la bien-aimée ne s'effaça point de son âme, mais il la vit sous un autre aspect : il l'éclaira d'un nouveau jour. Elle sortit doucement de la réalité poignante de la passion, pour entrer, comme le poëte lui-même, dans la sphère sereine et idéale de l'art. L'amante devint un type poétique, et Goethe se consola en écrivant l'histoire de sa douleur. Il se consola lentement : on ne rompt pas tout d'un coup ces vivantes attaches qui tiennent l'être tout entier et qui sont comme le cœur même. Il eut de soudaines défaillances, des désespoirs pleins de larmes : parfois un cri d'angoisse s'échappe encore de sa poitrine.

« Cette nuit, j'ai rêvé de Charlotte... Je la promenais à mon bras, et pour la voir tout le monde s'arrêtait ! Tout à coup elle a mis un capuchon... je l'ai priée de le rejeter... elle l'a fait... puis elle m'a regardé... Vous savez, Kestner, comment se trouve l'homme qu'elle regarde ! Nous marchions vite... on se retournait toujours. « O Lotte, lui disais-je, ô Lotte ! « qu'ils ne sachent pas que tu es la femme d'un autre ? » Nous arrivâmes à une place où l'on dansait...

« Ainsi se passe ma vie en des rêves. Je fais de mauvais procès... j'écris des drames et des romans... je dessine... et tout cela le plus vite possible... Vous êtes béni, vous, comme l'homme qui craint le Seigneur... et moi, le monde dit que la malédiction de Caïn repose sur moi... »

II

Il serait curieux de rechercher quelle peut être, chez le poëte, l'influence de la vie littéraire sur la vie intime. Il faudrait pour cette étude d'*auto-biographie* beaucoup de candeur, jointe à beaucoup d'observation, difficile et rare mélange ! Il faudrait aussi une grande franchise, résolue à dire également la vérité *pour* et la vérité *contre*. On verrait alors comment cette surexcitation continuelle de la pensée produit à la longue une exaltation fébrile des sentiments ; comment cette incessante contemplation du beau, que l'on s'efforce de faire passer dans ses œuvres, prédispose à l'enthousiasme ardent pour les créatures de Dieu qui le réalisent à nos yeux, et comment cet éloignement hautain où l'on se tient des intérêts vulgaires permet de rendre à qui en est digne un culte plus épuré. Puis on verrait aussi comment l'art s'infiltre peu à peu dans les sentiments les plus naturels et les altère ; comment l'imagination confond parfois ce qui naît spontanément dans le cœur et ce qui peu à peu se développe dans le cerveau, de telle façon qu'on ne sait plus discerner les limites précises de ce que l'on éprouve et de ce que l'on rêve : on verrait comment cette mobilité même et cette facilité d'impression, nécessaires pour embrasser le beau dans ses manifestations diverses, rend la constance plus difficile dans l'adoration du même objet, et comment, tout en devenant capable d'être plus promptement et plus fortement ému, on peut aussi garder l'émotion moins longtemps, et se trouver plus près à la fois et des douleurs violentes et des consolations rapides !

Quoi qu'il en soit, quand on a un peu réfléchi sur la vie, on en fait deux parts, et l'on n'admet pas le public dans son intérieur. Quand on a le respect de ses émotions et des causes qui les font naître, on garde pour soi son deuil et sa joie !

Mais, dans la première jeunesse, on aime à se raconter soi-même. Il y a un charme aux confidences, et il semble que ce soit aimer encore, de dire qu'on a aimé !

Voilà l'excuse de *Werther*, si un chef-d'œuvre a besoin d'excuse.

Goethe voulut d'abord se mettre en tragédie. Il commença : « Je sais, écrit-il à Kestner dans une lettre assez mélancolique, ce que dira Lotte quand elle aura *cela* sous les yeux... et je sais aussi ce que je lui répondrai. »

Il eut le bonheur de renoncer à cette malencontreuse idée de tragédie, et *Werther* devint un roman de vie intime.

Werther, comme chacun sait, se divise en deux parties : la première est une *auto-biographie* de Goethe, exacte souvent jusqu'au plus minutieux détail. Les grandes dates de la vie de l'auteur se retrouvent dans le roman. Cette soirée du 10 septembre, qui a dicté à Goethe la page la plus éloquente qu'il ait jamais écrite, cette soirée qui décide le départ de Goethe, c'est celle aussi qui décide le départ de Werther ; cette silhouette de Charlotte emportée dans l'exil, Werther l'emporte comme Goethe, et ces nœuds rouge pâle qui avaient paré son sein, Goethe les reçut comme Werther.

La seconde partie du roman appartient aussi à la réalité, avec d'autres personnages, il est vrai : mais elle en est une conclusion tellement logique, que l'écrivain, si merveilleusement doué d'ailleurs, n'a eu besoin d'aucun effort pour les réunir, et que le lecteur ne s'aperçoit pas de la substitution, tant elle est faite habilement.

Pendant que Goethe, à demi brisé dans cette lutte avec une passion vraie, où nous laissons toujours le meilleur de nous-mêmes, prenait pourtant bravement son parti de la douleur et portait la vie, à Wetzlar même, un autre jeune homme, que Goethe avait connu, se tuait par amour.

Ici encore les mémoires de Kestner nous fournissent des renseignements précieux.

Il y avait à Wetzlar, du temps même de Goethe, un secrétaire de l'ambassade de Brunswick, du nom de *Jérusalem* : c'était le fils de l'abbé Jérusalem, théologien fort en renom dans son temps, fort oublié du nôtre. Ce Jérusalem — je ne parle plus de l'abbé — eut toutes sortes de sujets de mécontentement pendant son séjour à Wetzlar. L'amour s'en mêla : ce fut un homme perdu.

Il était amoureux de la femme d'un autre secrétaire, que Ketsner désigne sous le nom de madame H... Le mari était jaloux, la femme vertueuse, et le soupirant malheureux. Ce Jérusalem était une âme sombre et fière, ne confiant ses larmes à personne, et fuyant les hommes, comme tous ceux qui ont une passion au cœur. Il lisait beaucoup de romans, dit Kestner; il reconnaissait lui-même qu'il n'en existait pas un seul qu'il n'eût lu. Il donnait la préférence aux drames les plus noirs. Il lisait aussi les écrits philosophiques, et Leibnitz plus particulièrement. Il réfléchissait longtemps sur ce genre de lecture ; lui-même avait fait quelques articles de philosophie. Il y en avait un, entre autres, qui donnait raison au suicide. Mais je voudrais laisser parler Kestner.

« Les demoiselles Brandt, écrit-il à Goethe, ont parlé à Jérusalem de ses longues promenades dans la solitude, et des malheurs qui pourraient lui arriver. On lui dit que, pendant un orage, quelqu'un s'était abrité derrière une muraille, et que la muraille s'était écroulée sur lui ; il répondit : « Je ne désire rien de « mieux pour moi ! »

« Mardi passé (ceci est à la date du 2 septembre 1773), il vint chez Kielmansegge : il avait l'air désolé. Celui-ci lui demande comment il se porte : « Mieux que je ne voudrais ! » Cette journée là il parla beaucoup sur l'amour, et c'était la première fois. Dans l'après-midi, il est allé chez le secrétaire H... Ils ont joué au *tarok* jusqu'à huit heures, Annette Brandt y était ; Jérusalem est allé la reconduire. Chemin faisant, il s'est frappé le front plusieurs fois en disant : « Si j'étais mort ! si j'étais au ciel ! » Annette répondit en plaisantant. Il souhaita alors une place près d'elle au ciel, et en la quittant il ajouta : « C'est « convenu, j'aurai une place au ciel près de vous. »

« Mercredi il y eut *gala*, à l'hôtel du Prince-Héréditaire ; Jérusalem y conduisit le secrétaire H... Celui-ci le ramena chez sa femme ; on y prit le café. Jérusalem dit à madame H... : « Ma chère madame la « secrétaire, c'est le dernier café que je prends avec « vous ! » Et madame H... de rire, et de traiter la chose comme une plaisanterie. Ce jour-là même Jérusalem retourna seul chez H... On ignore ce qui s'y passa. Le soir, il rentre à Garbenhein, dans sa petite auberge. Il demande si quelqu'un l'attend dans sa chambre. — Personne ! — Il y monte ; il redescend ; il sort par la cour, revient, entre dans le jardin ; il y reste longtemps : la nuit était venue. Enfin il sort encore une fois.

« Le lendemain il reçut un billet de H... qui lui interdisait l'entrée de sa maison. La servante qui portait ce billet refusa d'attendre la réponse. Jérusalem à son tour envoya, par son domestique, un billet que le secrétaire refusa d'accepter. Celui-ci le rapporta. Jérusalem le prit, encore cacheté, et le jeta sur une table, en disant : « C'est bien ! »

« A une heure il envoya ces deux lignes à Kestner :

« Oserai-je vous demander vos pistolets pour un
« voyage que j'ai l'intention de faire ?
                                          « Jérusalem. »

« Kestner envoya les pistolets.

« Le domestique, averti de ces projets de voyage, prépare tout pour le lendemain, et va même jusqu'à demander le coiffeur. C'est lui qui, sur l'ordre de son maître, charge les pistolets à balle.

« Jérusalem, continue Kestner, a passé seul l'après-midi. Il a fait des recherches dans ses papiers… Il a écrit… Il s'est promené rapidement dans sa chambre, il est sorti plusieurs fois pour payer diverses petites dettes.

« Le domestique est entré chez lui pour le déchausser. Jérusalem a répondu qu'il sortirait encore ; et, en effet, il s'est promené dans les rues et hors de la ville. Il a passé rapidement devant quelques personnes le chapeau enfoncé sur les yeux. On l'a vu aussi au bord de la rivière, dans l'attitude de quelqu'un qui veut se jeter à l'eau.

« Vers neuf heures il rentra, et dit à son domestique de faire chauffer son poêle, parce qu'il ne se coucherait pas de sitôt : il lui ordonna de faire tous ses préparatifs pour le lendemain six heures ; puis il se fit apporter du vin.

« Resté seul, il déchira toutes ses lettres et les jeta sous son bureau ; puis il en écrivit deux : l'une à sa famille et l'autre au secrétaire H...

« Voici la lettre à sa famille :

« Père, mère, sœurs, beaux-frères, tous chers ! pardonnez à votre malheureux fils et frère ! que Dieu vous bénisse ! « JÉRUSALEM. »

« Dans la seconde lettre, il demandait pardon à M. H... d'avoir troublé la paix de son ménage ; il assure que son inclination pour sa femme a été toute vertueuse ; il espère que dans l'éternité il lui sera permis de l'embrasser. (Ces Allemands ne doutent de rien.) La lettre finissait par ces mots :

« Une heure ! nous nous reverrons dans l'autre
« vie ! »

« Il n'avait bu qu'un verre de vin. *Emilia Galotti* était ouverte sur un guéridon, près de la fenêtre...
« Il a été enterré, la nuit, dans le cimetière ordinaire ; un petit cortége et des gens avec des lanternes l'ont suivi ; des garçons coiffeurs l'ont porté, la croix en avant. Aucun prêtre ne l'a accompagné. »

La fin de *Werther* n'est que la mise en scène magnifique de ce lugubre événement. La réalité dictait ; Goethe écrivait. Ce sera, je pense, une curieuse étude de comparer le récit de Kestner, simple et sans art, et les pages brillantes de Goethe, qui n'en sont, après tout, que le développement artistique. Ce sera une leçon de style et de composition, donnée par le plus grand écrivain de l'Allemagne.

Quant à l'ensemble du plan, quant à la particularité des détails, le premier calque est si fidèlement suivi, que ce pauvre Kestner, bien à son insu, est le collaborateur de Goethe : il lui envoie le *scenario* de la moitié de son drame.

On le voit maintenant, la part de l'invention est nulle ici. *Werther* n'est pas un livre d'imagination ; c'est une histoire vraie. Goethe n'a eu d'autre mérite que le choix et l'arrangement des faits. C'en était assez pour montrer du génie : ces faits, il les a réunis et groupés avec un art exquis, les animant et les vivifiant par le souffle d'une passion immortelle.

Ces œuvres que nous avons portées en nous-mêmes, et qui sont vraiment les filles de notre âme, nous coûtent plus de douleur que d'effort ; nous les couvons longtemps : elles éclosent tout d'un coup.

Werther fut écrit en deux mois.

Il était terminé en août 1774 : car Goethe, vers cette date, écrivait à Charlotte :

« Ma chère Lotte, je me rappelle à l'instant que j'ai depuis longtemps à répondre à *ta* dernière lettre... *Tu* as été tout ce temps, peut-être plus que jamais, avec moi et en moi ; je ferai bientôt imprimer *cela* pour toi. Je sens que la chose réussit, chère Lotte. Ne suis-je pas heureux quand je pense à vous ? »

Le 22 septembre, *Werther* était imprimé.

Goethe adressa le premier exemplaire à ses deux amis. Le billet d'envoi est humble et timide... Est-ce incertitude du succès? Non! c'est plutôt l'inquiétude secrète de l'accueil que lui réserve Charlotte... Pour une œuvre intime, ce n'est jamais le jugement du public — je lui en demande pardon — qu'on redoute le plus.

GOETHE A KESTNER.

« Si vous avez déjà le livre, vous comprendrez le pli ci-joint. J'ai oublié de l'y mettre, tant j'ai de presse et d'occupation...

« Qu'adviendra-t-il de moi? Ah! vous autres gens posés, que vous êtes bien plus heureux! Je vous en prie, ne prêtez pas ce livre encore; aimez le vivant, et respectez le mort.

« Maintenant, vous devez comprendre les passages obscurs de mes lettres antérieures. »

Cette lettre contenait un billet pour Charlotte. Ce billet à Charlotte, c'était la pensée vraie de Goethe.

GOETHE A CHARLOTTE.

« Charlotte, combien ce petit livre doit m'être cher, c'est ce que tu comprendras en le lisant. Cet exemplaire m'est aussi précieux que s'il était unique au monde. Tu devais le posséder, Charlotte : je l'ai baisé cent fois. Je l'ai enfermé, pour que personne n'y touchât; et toi, ne le montre à personne. Je voudrais que chacun de vous le lût à part. Kestner seul, toi seule, puis que chacun m'écrivit un petit mot là-dessus.

« Charlotte, adieu, Charlotte! »

Goethe était déjà payé de toutes ses peines. Heureux celui qui peut mettre son âme dans un livre, et qui peut offrir son livre !

Le livre fut lu, ou plutôt dévoré par les deux époux. On ne sait ce que pensa Charlotte : les femmes sont parfois très-discrètes. Quant à Kestner, il ne fut pas ravi. Il se reconnaissait trop, lui et sa chère Lotte, et, tout en se reconnaissant, il se plaignait qu'on l'eût mal peint. Mais sa réponse est une page trop curieuse de la vie intime pour que nous ne la citions pas tout entière.

KESTNER A GOETHE.

« Votre *Werther* aurait pu me faire grand plaisir, puisqu'il me rappelle nombre de scènes et d'événements intéressants. Mais tel qu'il est, à certains égards, il m'a peu édifié. Vous savez que je parle assez volontiers comme je sens.

« Il est vrai que vous avez prêté à chaque personnage des traits étrangers, ou que vous avez donné ceux de plusieurs à un seul. Je blâme cela. Si, dans ces emprunts et ces combinaisons, vous aviez un peu consulté votre cœur, les personnes véritables, à qui vous avez pris quelques traits, n'auraient pas été dégradées à ce point ! Vous voulez peindre d'après nature, pour donner de la vérité à vos tableaux, et cependant vous avez rassemblé tant de contradictions, que vous avez manqué votre but. *Monsieur l'auteur* va s'insurger là-contre, mais je suis du parti de la réalité et de la vérité même, quand je prétends que le peintre a failli. La vraie Charlotte serait bien fâchée de ressembler à la Charlotte que vous avez imaginée. Je sais bien que celle-ci n'est qu'une *composition ;* mais madame H.., à laquelle vous faites aussi quelques emprunts, sera-t-elle bien flattée ? Était-elle donc capable d'agir ainsi que notre héroïne ? Tout ce luxe de fiction était inutile à votre but, à la nature et à la vérité. Il n'était pas nécessaire qu'une femme, une femme supérieure, se conduisît comme votre héroïne, pour que Jérusalem se fît sauter la cervelle.

« La véritable Charlotte, dont, pourtant, vous voulez encore être l'ami, elle est dans votre tableau, et avec trop de détails, pour ne pas être reconnue ; elle est... Non, je ne veux pas dire cela. Cette seule pensée me fait trop de mal ! et le mari de Charlotte, vous le nommez votre ami... et Dieu sait s'il l'était... il est là aussi !

« Et cette pitoyable création d'un Albert ! Je veux croire que ce n'est pas une copie, mais elle a avec certain original tant de ressemblance extérieure (extérieure seulement, grâce à Dieu !) qu'on peut facilement s'y tromper. Si vous vouliez le représenter ainsi, ne pouviez-vous point en faire une bûche tout à fait? Vous seriez venu fièrement vous camper devant, en disant : « Voyez donc quel gaillard je suis, moi !

« KESTNER. »

La lettre est sévère; elle est dure. Goethe n'avait peut-être pas mérité de la recevoir, mais les premières apparences étaient contre lui, et Kestner avait le droit de l'écrire. Charlotte n'écrivit pas : elle relisait *Werther* dans le recueillement de ses souvenirs, et peut-être dans le trouble de son cœur.

Goethe répondit à la plainte de l'un et au silence de l'autre :

« ... A l'instant, il faut que je vous réponde, mes amis, mes amis courroucés, pour que cela ne me reste pas dans le cœur. Tout est fini : le livre a paru. Pardonnez-moi si vous pouvez. Je vous en prie, ne me dites rien, jusqu'à ce que le succès ait calmé ce qu'il y a d'exagéré dans vos inquiétudes, jusqu'à ce que vos cœurs se sentent plus de clémence pour l'innocent mélange du mensonge et de la vérité dans mon livre ! Toi, Kestner, cher avocat, tu as voulu épuiser le sujet d'avance et ne pas me laisser une seule des raisons que je pourrais alléguer pour excuse. Je ne sais; mon cœur a encore quelque chose à dire, bien qu'il ne puisse pas trouver d'expressions !

« Je me tais. Je veux seulement vous laisser voir un pressentiment joyeux. Je me persuade volontiers, oui, j'espère que le destin éternel a permis que j'agisse ainsi pour resserrer encore les liens qui nous attachent. Oui, chers, moi qui déjà vous aime si profondément, je dois devenir encore votre débiteur et celui de vos enfants, pour les mauvais quarts d'heure que vous a fait passer ma... trouvez le nom ! — Tenez bon ! je vous en prie ! tenez bon !

« Toi, Kestner, comme je t'ai connu dans ta dernière lettre, et toi aussi, Charlotte, comme je t'ai connue... restez ainsi tous deux ! Dieu du ciel ! on dit de toi que tu diriges tout pour le mieux...

« Et maintenant, mes amis, si parfois le découragement vous prenait, pensez que votre vieux Goethe est toujours de plus en plus, et maintenant plus que jamais, à vous !

« GOETHE. »

Cette lettre était vraiment bonne. Pourtant elle ne consola pas l'ami, elle ne désarma point l'époux. Il continua ses réclamations. Goethe promit quelques changements. Kestner alors formula plus nettement ses griefs ; il demanda beaucoup ; il demanda trop.

L'impatience prit Goethe ; le succès rendait son cœur moins tendre ; il était fort de tout un peuple qu'il sentait derrière lui, vivant de sa passion. Voici la lettre qui mit fin, *d'autorité*, à toutes ces réclamations plus ou moins fondées ; on sent que Kestner n'aura plus rien à dire.

GOETHE A KESTNER.

« Oh! si je pouvais sauter à ton cou, me jeter aux pieds de Charlotte, une seule minute, une seule!... Tout, tout serait expliqué, bien mieux que je ne pourrais faire avec des rames de papier. Incrédules! vous dirais-je, ô gens de peu de foi! si vous pouviez sentir la millième partie de ce que *Werther* est aujourd'hui pour des milliers de cœurs, ah! vous ne feriez plus le compte de ce qu'il vous a coûté! Maintenant, suspendre *Werther*, je ne le pourrais pas sans danger pour ma propre vie... Le public médisant, c'est un troupeau de porcs!... *Werther* doit être, il faut qu'il soit. Vous ne le comprenez pas, vous autres... Vous ne voyez là que moi et vous. Mais ce qui, selon vous, est *accolé* à mon livre, cela au contraire, malgré vous et malgré les autres, cela est tissé dans sa trame!

« ... Si je vis, Kestner, c'est à toi que je le dois : donc tu n'es pas Albert... donc... Donne de ma part une chaude poignée de mains à Charlotte, et dis-lui : « Savoir ton nom prononcé avec respect par des mil-« liers de lèvres saintes, c'est bien une compensation « à des craintes dont on se préoccuperait à peine « dans la vie commune, où l'on est exposé aux com-« mérages de toutes les vieilles femmes. »

« O toi! tu n'as pas senti comme l'humanité t'embrasse et te console. Elle trouve en toi et dans les mérites de Charlotte assez de consolation contre le malheur qui vous effraye dans ce livre. Charlotte, adieu, et toi, Kestner, adieu aussi ; tous deux aimez-moi... et ne me torturez pas ! »

Ce furent à peu près les dernières explications échangées entre les deux amis au sujet de *Werther*. Chacun depuis marcha dans sa voie et alla vers ses destinées : Kestner au bonheur, Goethe à la gloire !

Parfois, quand devant elle on parlait de Goethe, Charlotte rougissait ; mais elle se remettait bientôt et trouvait dans l'innocence même de ses souvenirs le courage de dire de lui tout le bien qu'elle en pensait. Tous deux avaient ainsi leur récompense : aimer sans trouble, sans remords et le front haut, devant le monde qui vous regarde et vous respecte, n'est-ce pas le plus ineffable bonheur des nobles âmes ?

Ils se revirent un jour seulement, plus de quarante ans après la publication de *Werther*, Goethe avait soixante-dix ans ; Charlotte en avait soixante... et douze enfants. Kestner était tout à fait rassuré.

III

Goethe n'était point ébloui par sa gloire. Il avait dit vrai : *Werther* atteignit en quelques mois la popularité la plus grande qu'un livre ait jamais eue. Il était dans les mains et dans le cœur de tous. Il devint le livre de ceux qui souffraient. Les malheureux retrouvaient leur douleur dans cette douleur éloquente, et celle douleur même leur était plus chère quand, avec leurs infortunes, ils pleuraient celles de Werther. On ne savait pas qu'il y eût tant de larmes dans les yeux d'un peuple. Ce fut, de l'autre côté du Rhin, comme un redoublement de tendresse et une contagion de sympathie. On aima mieux, parce qu'on voulut aimer comme Werther. Il y eut toute une génération de Charlottes vouées à l'amour pur et aux rubans rouge pâle.

Goethe avait trouvé le secret des succès populaires : *l'expression forte d'un sentiment simple.* Il emportait l'âme de l'Allemagne dans le courant de son irrésistible passion.

A côté de ces raisons de succès, si puissantes chez un peuple assez naïf encore pour vivre par le cœur, il y en avait d'autres d'un ordre moins général peut-être, mais plus élevé.

Le *Werther* de Goethe, comme *les Brigands* de Schiller, fut une œuvre d'opposition contre la littérature et les mœurs de l'époque. Ces deux productions signalent le commencement de la période classique des lettres allemandes. Or les chefs-d'œuvre de cette école, au lieu d'être, comme chez d'autres nations plus heureuses, l'épanouissement et la fleur de la civilisation du pays, semblaient éclore et se développer en dehors d'elle.

Cette période de réaction, si intéressante du reste, dans l'histoire du progrès humain, commence environ quinze ans avant la révolution française, et se termine au moment où le saint-empire romain germanique s'écroule sous l'action des idées nouvelles, semées par la France à travers le monde.

Werther se trouvait en face d'une décadence universelle. Le sens moral s'était presque effacé sous le formalisme des guerres théologiques qui duraient depuis trois siècles. Les idées catholiques mal comprises, le piétisme protestant insipide et froid, un illuminisme frivole se partageaient l'âme de la nation : des gouvernements de toutes formes, de toutes grandeurs se disputaient les lambeaux de son territoire, flottant éternellement entre la souveraineté expirante de l'Empereur et leur propre indépendance. La vie privée s'étiolait dans les tiraillements d'une étiquette ridicule, ou se dégradait dans une imitation sans grâce des corruptions élégantes de la régence. Une noblesse appauvrie, dégénérée et nombreuse, se tenait à l'écart des autres classes, partagée entre le mépris et l'envie ; la bureaucratie singeait son orgueil et jalousait ses prétentions, et toutes deux, riches de titres... et d'enfants, rampaient aux pieds de leurs princes sans pouvoir. La nature avait disparu des sentiments : il ne fallait plus la chercher dans leur expression. *Werther* et *les Brigands* donnèrent le signal d'une opposition qui allait bientôt s'appuyer sur la gravité sérieuse et fière de la philosophie de Kant. A l'affadissement de cette société amollie les lettres opposèrent le sentiment de la nature et de la liberté individuelle ; à sa corruption, l'idée du devoir absolu. L'une et l'autre répondaient aux besoins de leur époque. Ce fut une des causes de leur succès. Ceci est encore plus particulièrement vrai de *Wer-*

ther, où l'on retrouve à chaque page, en traits brûlants, le sentiment de la nature, de l'égalité humaine, de l'amour vrai.

L'Allemagne ne sait pas encore peut-être tout ce qu'elle doit à cette réaction spiritualiste, qui précipita tant de phalanges héroïques sur les champs de bataille de l'Europe, quand elle était déjà vaincue dans ses princes, fétiches couronnés. Ces jeunes enthousiastes qui lisaient Goethe et Schiller, ces idéologues aux cheveux flottants, au regard serein et au cœur résolu, s'ils ne sauvèrent pas la liberté de leur pays, sauvèrent du moins son honneur, car ils surent mourir en chantant Dieu et la patrie, tenant l'épée d'une main, de l'autre la lyre étoilée.

Je ne veux pas prétendre cependant que le bien, dans *Werther*, soit pur de tout alliage, et qu'il n'y ait aucun danger en cette peinture des mélancolies profondes, où la génération qui nous précède s'est complu si longtemps. Goethe, qui les a reproduites, ne les a pas inventées ; elles n'étaient pas même dans son tempérament. C'est un fait social qu'il a étudié, comme tous ces *tristes* dont il est l'aïeul, René, Childe-Harold, Obermann, Joseph Delorme, et les autres, qui passent à travers le siècle, seuls et voilés de leurs douleurs.

On a reproché à Goethe le suicide de Werther. Cette conclusion du livre était-elle dans ses prémisses ? Werther ne pouvait-il pas vivre, puisque Goethe avait vécu ? L'inflexible notion du devoir se serait alors substituée aux égarements de la passion, et pour Werther, comme pour Goethe, le travail, l'austère et doux consolateur, eût essuyé les dernières larmes de l'amour. Une telle vie n'eût-elle pas été plus grande qu'une telle mort? La leçon eût été plus morale, sans doute, mais le livre eût été moins émouvant, et, à l'heure où Goethe écrivit *Werther*, il y avait en lui trop de frémissements de passion pour que son livre ne voulût pas être ému avant tout !

Mais qu'il ait eu l'idée préconçue, et par cela même condamnable, de faire l'apologie d'un crime qui offense tout à la fois et l'ordre divin du monde moral et l'ordre des relations sociales — le ciel et la terre, Dieu et les hommes — c'est ce que l'on ne pourrait plus admettre maintenant.

Il a suffi, pour justifier Goethe, d'un coup d'œil jeté sur les *Origines de Werther*.

Goethe souffre, et il écrit ses *pâtiments* (je ne connais pas de mot qui traduise mieux le titre allemand[1]), comme pour consoler son cœur : nous avons vu avec quelle exactitude de biographe scrupuleux il l'a fait ; mais il lui faut une conclusion, il ne peut pas prolonger la fiction du personnage à travers toute sa vie. L'image du suicide s'est présentée à lui plusieurs fois ; plusieurs fois il a songé à fuir dans la mort la pensée de Charlotte ; mais il a toujours résisté... Cependant Jérusalem se tue ; un homme qu'il a connu, un homme qui a aimé comme lui, souffert comme lui ; Jérusalem se tue ! voilà donc un dénoûment possible à ce

---

[1] *Leiden des jungen Werthers*.

livre que Goethe a bien pu commencer, mais qu'il ne peut pas finir avec sa vie simplement racontée. Ce n'est pas Goethe, c'est Jérusalem et Kestner qui ont introduit le suicide dans *Werther*. *Werther* n'est plus la fantaisie d'un poëte, mais bien le procès-verbal éloquent d'une réalité triste. Il ne serait pas plus juste d'accuser ici les tendances immorales de Goethe que de faire le procès au rédacteur du *fait-Paris* qui nous racontait hier Gérard de Nerval pendu aux barreaux d'un bouge de la Vieille-Lanterne! Le seul reproche que l'on puisse faire à Goethe, c'est d'avoir présenté le suicide avec une habileté trop caressante! Sa muse nous tend le pistolet tout chargé avec le charme qu'aurait une main amie nous offrant le poison dans une coupe d'or. Elle nous conduit à la mort lentement, pas à pas et par des sentiers où les fleurs voilent les abîmes. Ceci revient à dire que Goethe a été trop artiste, et je ne sais pas s'il est bien nécessaire de défendre un poëte sur ce chef. Son excuse, s'il est besoin de lui en trouver une, c'est sa jeunesse même. La jeunesse, qui regarde tout à travers ses illusions, n'aperçoit pas la mort comme on la voit plus tard; la mort se montre à elle comme une belle femme pâle, au triste sourire, couronnée d'immortelles, et le tombeau lui apparaît entouré de figures à genoux et qui pleurent.

Quant à cette exaltation de tous les sentiments, à ce lyrisme de l'amour, à cette glorification de la vie rêveuse et inactive, je ne crois pas que ce soient là les dangers de ce siècle, à qui déjà plus d'un penseur a dû crier : « *Sursum corda !* Plus haut les cœurs ! »

Aujourd'hui les enfants calculent comme des vieillards ; l'entrée de toutes les carrières est encombrée d'aspirants surnuméraires: la fièvre qui bat dans nos veines, c'est la fièvre des spéculations les plus positives. Les femmes de trente ans trouvent les amoureux exagérés, et les jeunes filles, qui savent le prix des cachemires, gardent leurs préférences pour Albert — un jeune homme rangé et qui a une position! L'idéal n'est pas ce qui nous tue : nous pouvons lire *Werther*.

LOUIS ÉNAULT.

WERTHER

PREMIÈRE PARTIE

4 mai.

Que je suis content d'être parti! Cher ami, qu'est-ce que le cœur de l'homme? Toi que j'aime tant, dont j'étais inséparable, te quitter... et être content! Je sais que tu me pardonnes! mais vraiment, toi excepté, est-ce que toutes mes relations ne semblaient pas choisies par le destin, tout exprès pour tourmenter un cœur comme le mien? Cette pauvre Éléonore! j'étais innocent cependant... Est-ce ma faute si, tandis que les attraits piquants de sa sœur me donnaient une distraction agréable, une passion grandissait dans ce malheureux cœur? Innocent! le suis-je tout à fait? N'ai-je pas entretenu ses sentiments? ne me suis-je pas amusé de ces expressions si vraies de la vive nature, qui trop souvent nous font rire, si peu risibles qu'elles soient? N'ai-je pas... Oh! qu'est-ce que l'homme pour qu'il ose se plaindre de lui-même? Je me corrigerai, cher ami, je me corrigerai, je te le promets. Je ne veux plus, comme je l'ai fait jusqu'ici, ruminer sans cesse le mal que le destin m'envoie. Je veux jouir du présent : que le passé soit vraiment passé pour moi! Je crois, cher, que tu as raison : les chagrins diminueraient chez les hommes si (Dieu sait pourquoi nous sommes ainsi faits) nous ne nous occupions point avec tant d'efforts d'imagination à rappeler le souvenir du mal, au lieu de porter le présent légèrement.

Sois assez bon pour dire à ma mère que je m'occupe de ses affaires le mieux que je puis, et que je l'informerai prochainement du résultat. J'ai parlé à ma tante : il s'en faut de beaucoup que j'aie trouvé en elle la méchante femme que l'on nous a dépeinte. Elle est vive, emportée, mais c'est le meilleur cœur du monde. Je lui ai expliqué les griefs de ma mère au sujet de cette part d'héritage qui nous revient ; elle m'a exposé ses raisons et ses droits, et m'a dit à quelles conditions elle voulait bien nous rendre tout ce que nous lui demandons, et même davantage. Bref, je ne puis rien t'écrire là-dessus maintenant : seulement, dis à ma mère que tout ira bien. Pour moi, mon ami, j'ai vu une fois de plus, dans cette petite affaire, que l'indolence et les malentendus font peut-être plus de mal que la fourbe et la méchanceté. Du moins, ces deux derniers vices sont incontestablement plus rares.

Du reste, je me trouve bien ici. La solitude, dans ce paradis terrestre, est un baume précieux pour moi, et cette saison de la jeunesse réchauffe de sa flamme mon cœur, qui souvent frissonne. Chaque arbre, chaque buisson est un bouquet de fleurs ; on voudrait être changé en hanneton pour se plonger dans cette mer de parfums et en vivre.

La ville, par elle-même, est désagréable, mais les environs sont d'une indicible beauté. C'est ce qui engagea le défunt comte de M... à placer son jardin sur une des collines qui forment, en se croisant avec une variété sans fin, les plus aimables vallées du monde. Le jardin est simple, et, dès qu'on entre, on devine bien que ce n'est pas un dessinateur qui en a fait le plan, mais un cœur sensible, qui voulait y jouir de lui-même. J'ai déjà pleuré plus d'une larme sur l'absent dans ce petit cabinet, qui était son séjour favori : c'est aussi le mien. Je suis à peu près le maître du jardin. Le jardinier m'est dévoué ; dans quelques jours il ne s'en trouvera pas plus mal.

10 mai.

Une incroyable sérénité règne dans mon âme, pareille à ces douces matinées de printemps, dont je jouis de tout mon cœur. Je suis seul, et la vie m'est une joie dans ce pays créé pour des âmes comme la mienne. Je suis si heureux, mon ami, si profondément absorbé dans le sentiment d'une existence paisible, que mon art en souffre. Maintenant je ne pourrais pas dessiner. Je ne suis pas capable de faire un trait, et pourtant je n'ai jamais été plus grand peintre. Quand, autour de moi, cette charmante vallée se couvre de vapeurs, et qu'un rayon du soleil, au plus haut de sa course, descend et se perd sous l'impénétrable obscurité de mon bois, s'infiltrant çà et là dans le sanctuaire intérieur; couché dans les grandes herbes, au bord du ruisseau qui tombe, attentif, et plus près du sol, admirant l'immense variété des plantes, si j'écoute le murmure de ce petit monde caché dans les gazons; si j'examine ces mouches et ces vers, dont les formes sont d'indescriptibles merveilles, je sens, je sens dans mon cœur la puissance de celui qui est toute puissance et qui nous a créés à son image, le souffle de celui qui est tout amour et qui nous porte et nous contient, incessamment plongés dans un océan de délices.

Mon ami, dans ces moments-là, il y a devant mes yeux comme un crépuscule incertain... Le monde qui m'entoure, le ciel lui-même, reposent sur mon sein comme le doux fardeau de la bien-aimée, et mon sein se gonfle d'aspirations, et je me dis : « Oh! si tu pouvais exhaler, si tu pouvais faire respirer sur le papier ce qui vit en toi, avec cette plénitude et cette ardeur, ce papier serait alors le miroir de ton âme, comme ton âme elle-même est le miroir du Dieu infini. » Mon ami... mais c'est là ce qui m'accable! et je succombe sous le poids de ces manifestations sublimes.

12 mai.

Je ne sais si des esprits trompeurs voltigent dans cette atmosphère, ou bien si c'est l'ardente et céleste fantaisie qui vit dans mon cœur, mais autour de moi tout prend un air de paradis. A quelque distance du village il y a une fontaine, près de laquelle je suis retenu par un charme, comme autrefois Mélusine et ses sœurs enchantées. Tu descends une petite colline, tu te trouves devant une voûte; il y a vingt marches : puis la source claire jaillit du marbre. Les petits murs qui forment la voûte, les grands arbres qui l'ombragent, la fraîcheur du lieu, il y a dans tout cela je ne sais quoi qui tout à la fois attire et donne le frisson. Il ne se passe point un jour sans que je vienne là m'asseoir une heure. Là aussi viennent les filles de la ville, pour puiser de l'eau à la fontaine, innocente et nécessaire occupation, que jadis ne dédaignaient point les filles mêmes des rois. Comme alors les souvenirs de la vie patriarcale se raniment en moi! Je me rappelle qu'au bord des fontaines les premiers pères du monde nouaient connaissance avec leurs femmes et arrangeaient leurs mariages ; des génies puissants planaient au-dessus des sources et des puits. Ah! dans un jour d'été, après une course pénible, il n'a jamais goûté la fraîcheur d'un ruisseau, celui qui ne sentira pas cela comme moi !

13 mai.

Tu me demandes si tu dois m'envoyer mes livres ; cher, pour l'amour de Dieu, je t'en prie, éloigne ce fardeau de mes épaules. Je ne veux plus être conduit, excité, échauffé. Mon cœur fermente de lui-même. J'ai besoin seulement d'un chant qui me berce, et ce chant-là, je l'ai trouvé dans mon Homère, tout autant que je le puis désirer. Combien de fois par lui, comme par un charme, j'ai calmé mon sang qui bouillonnait ! car tu ne connais rien de plus mobile, rien de plus changeant que mon cœur. Cher, ai-je besoin de te le dire, à toi qui as eu si souvent l'ennui de me voir passer du chagrin profond à la gaieté folle, et de la mélancolie douce à la passion furieuse ? Je traite ce pauvre cœur comme un enfant malade ; je lui passe tous ses caprices. Ne va pas le dire ! il y a des gens qui ne me le pardonneraient pas.

15 mai.

Ici les bonnes gens me connaissent déjà et m'aiment beaucoup, surtout les enfants. Dans les commencements, quand je me mêlais à eux et que je les questionnais amicalement sur une chose ou sur l'autre, quelques-uns croyaient que je voulais me moquer d'eux, et ils me quittaient brusquement. Je ne me laissais point démonter, mais je sentis très-vivement alors ce que j'avais déjà observé : que les gens d'une certaine condition se tiennent, vis-à-vis du peuple, dans un froid éloignement, comme s'ils croyaient perdre au rapprochement ; il y a des étourdis et de mauvais plaisants qui n'ont l'air de descendre jusqu'au pauvre monde que pour lui faire sentir de plus près leur arrogance.

Je sais bien que nous ne sommes pas égaux et que nous ne pouvons pas l'être ; mais j'estime que celui qui éprouve le besoin de s'éloigner de ce qu'on appelle le peuple, pour obtenir le respect, est aussi blâmable que le lâche qui fuit l'ennemi parce qu'il a peur de succomber.

Il y a peu de jours, je vins à la fontaine ; j'y trouvai une jeune servante qui avait posé sa cruche sur la dernière marche : elle regardait autour d'elle si quelqu'une de ses compagnes n'allait pas venir pour l'aider à la placer sur sa tête. Je descendis et je la vis. « Voulez-vous que je vous aide ? » lui dis-je. Elle rougit, et rougit encore. « Ah ! monsieur, dit-elle. — Allons ! sans façon. » Elle arrangea son petit coussin et je plaçai la cruche. Elle me remercia et remonta.

17 mai.

J'ai fait diverses connaissances ; mais je n'ai encore trouvé aucune intimité. Je ne sais ce que je puis avoir d'attrayant, mais beaucoup s'attachent à moi, et je m'afflige que nous ne puissions jamais faire qu'un bout de la route ensemble. Tu me demandes comment sont les gens ici? Faut-il te le dire? comme partout! Le genre humain est bien monotone. Ceux-ci passent la plus grande partie de leur temps à travailler pour vivre, et le peu de liberté qui leur reste les gêne tellement, qu'ils cherchent tous les moyens possibles de s'en débarrasser. O destinée humaine!

Après tout, de bonnes gens! Si je m'oublie quelquefois, si je goûte avec eux les joies qui restent encore aux hommes, si je m'assieds à leur table frugale, mais hospitalière et amie, si j'arrange pour le moment convenable une promenade ou une danse, cela me fait du bien. Pourvu qu'il ne m'arrive pas de penser que tant de forces reposent en moi, qui moisissent inutiles, et que je dois soigneusement cacher. Oh! alors cette pensée me serre le cœur! et cependant, être incompris, n'est-ce pas le sort de quelques-uns?

Pourquoi l'amie de ma jeunesse est-elle partie? Ah! pourquoi l'ai-je connue? Je me dirais : « Tu es fou, tu cherches ce que l'on ne saurait trouver ici-bas. » Mais je l'ai vue! J'ai senti ce cœur, cette grande âme, en présence de laquelle je me semblais plus grand à moi-même, parce que j'étais tout ce que je pouvais être. Dieu de bonté! y avait-il alors une seule des forces de mon âme qui ne fût employée? Ne pouvais-je pas développer tout entière cette puissance d'émotion avec laquelle mon cœur embrasse la nature? Notre commerce était comme une longue trame où s'enlaçaient les plus nobles sentiments, un échange des traits les plus vifs, où tout, jusqu'à la pointe malicieuse de l'ironie, était marqué à l'estampille du génie. Et maintenant! ah! ses années qui devançaient les miennes l'ont emportée la première! Je ne l'oublierai jamais; jamais son intelligence profonde, jamais sa divine indulgence!

Il y a quelques jours, j'ai rencontré un M. B..., un jeune homme ouvert, avec une physionomie des plus heureuses. Il est tout frais débarqué de l'académie, ne se croit pas encore un sage, mais pense assez volontiers qu'il en sait plus qu'un autre.

Il a travaillé, à ce que j'ai pu voir. En un mot, il a des connaissances. Quand il a appris que je dessinais beaucoup et que je faisais du grec (deux phénomènes en ce pays), il est venu à moi et a étalé beaucoup de savoir, depuis Batteux jusqu'à Nood, depuis Piles jusqu'à Winckelmann; il m'a assuré qu'il avait lu entièrement la théorie de Sulzers, la première partie, et qu'il possédait un manuscrit de Heynen sur l'étude de l'antique. Je laissai tomber tout cela.

J'ai encore fait connaissance d'un brave homme; c'est le bailli du prince, un cœur loyal et franc. On dit que c'est une joie de l'âme de le voir au milieu de ses enfants. Il en a neuf. On fait surtout grand bruit de sa fille aînée. Il m'a engagé à l'aller voir, et j'irai au premier jour. Il habite une maison de chasse du prince, à une lieue et demie d'ici. Il a obtenu la permission de demeurer là depuis la mort de sa femme. Le séjour de la ville, dans la maison du bailliage, lui était devenu trop pénible.

J'ai aussi rencontré sur la route différents originaux dont tout m'a paru désagréable. Mais leurs marques d'amitié me sont encore plus particulièrement insupportables.

Adieu. Cette lettre te conviendra : elle est tout historique.

22 mai.

Que la vie des hommes ne soit qu'un rêve, c'est ce que plusieurs ont cru déjà. Je porte avec moi cette pensée partout. Quand je considère les étroites limites entre lesquelles se resserrent les forces actives et intelligentes de l'homme ; quand je vois que tous ses efforts n'ont d'autre résultat que de l'affranchir de ses besoins, qui n'ont eux-mêmes d'autre but que la prolongation de notre triste existence, et que nos soucis, sur plus d'un point, n'ont pour trêve qu'une sorte de résignation rêveuse, pareille à celle du prisonnier qui s'assied entre deux murs peints d'images variées et de paysages gais, Wilhelm, tout cela me rend muet. Alors je rentre en moi et j'y trouve un monde, et je me perds dans les aspirations des vagues désirs, au lieu de me recueillir dans la réalité de la force vivante. Tout vacille devant mes yeux, et, souriant, comme dans un rêve, je m'enfonce plus avant à travers le vaste monde !

Les enfants ne savent pas ce qu'ils veulent. C'est un point dont conviennent nos savants maîtres des grandes et des petites écoles. Mais que sur ce terrain les adultes chancellent comme les enfants, ne sachant d'où ils viennent, ne sachant où ils vont, sans but véritable, mais conduits par les biscuits, les gâteaux et les verges, voilà ce dont personne ne veut convenir, et à mon sens cela peut se toucher du doigt.

Je te fais une concession. Je sais que tu vas me dire

que ceux-là sont les plus heureux qui, pareils aux enfants, vivant au jour le jour, choyant, habillant et déshabillant leur poupée, guettent, avec une respectueuse convoitise, le buffet où maman enferme le sucrier, et quand ils ont enfin obtenu le morceau longtemps convoité, le croquent à belles dents et disent : « Encore! » Voilà des créatures fortunées! Ceux-là aussi réussissent, qui, pour leurs travaux futiles ou leurs passions, savent trouver des titres pompeux, et les portent au débit de l'humanité, comme des opérations de de géant accomplies pour son salut et son bien-être. Oui, heureux qui peut agir ainsi! Mais celui dont l'intelligence comprend où cela aboutit, celui qui voit comment le bourgeois à son aise sait, quand cela lui plaît, faire un paradis de son petit jardin, et comment le malheureux, ployant sous son faix, continue pourtant sa route courageuse ; et comment tous également aspirent à voir le plus longtemps possible et jusqu'à la dernière minute la lumière du soleil, celui-là est tranquille! il se fait un monde qu'il tire de lui même, et lui aussi il est heureux, parce qu'il est homme. Si à l'étroit qu'il puisse être, toujours il a dans le cœur le doux sentiment de la liberté, et il sait, après tout, que cette chaîne se quitte quand on veut.

26 mai.

Tu connais depuis longtemps ma manière de me caser. Je vague çà et là, dans les lieux qui me plaisent. Je rencontre une maisonnette, et je m'arrange un trou à peu de frais ; ici même, j'ai trouvé un petit coin qui m'a séduit.

A une lieue environ de la ville, il y a un village qu'on appelle Wahlheim. Sa position sur une colline le rend intéressant, et, quand on y monte de la ville par le sentier des piétons, on embrasse toute la vallée d'un seul regard. Une bonne hôtesse, aimable et gaie dans sa vieillesse, vend du vin, de la bière et du café : mais ce qu'il faut mettre au dessus de tout, ce sont deux tilleuls, dont les rameaux au loin étendus ombragent la petite place de l'église; des fermes, des cours, des hangars forment l'étroite enceinte. Je trouverais difficilement un lieu plus agréable, plus intime. Je fais dresser ma table devant la maison, on m'y apporte ma chaise, j'y prends mon café et j'y lis mon Homère. La première fois que, par hasard, une belle après-midi, je vins sous ces tilleuls, je trouvai la solitude la plus complète. Tout le monde était aux champs. Un enfant de quatre ans environ était assis par terre; il en tenait un autre qui pouvait bien avoir six mois : celui-ci était entre les jambes du plus grand, qui ramenait ses bras sur sa poitrine de manière à lui servir de fauteuil, et, en dépit de la vivacité qui rayonnait dans ses yeux noirs, il se tenait parfaitement tranquille. Cette vue me charma. Je m'assis sur une charrue qui se trouvait là, et je pris le plus grand plaisir à dessiner cette petite scène fraternelle. J'y ajoutai bien un bout de la haie voisine, une porte de grange et quelques roues de charrettes à demi brisées; mais tout cela un peu pêle-mêle, comme cela se trouvait. Au bout d'une heure, je m'aperçus que j'avais fait un dessin très-intéressant, fort bien composé, et dans lequel je n'avais rien mis du mien. Ceci me confirma dans mon projet de m'en tenir toujours à la nature. Elle seule est inépuisablement riche; elle seule fait les grands artistes. On peut dire en faveur des règles à peu près la même chose qu'en faveur des lois sociales. L'homme qui se forme d'après elles ne produira jamais rien de tout à fait mauvais et de complétement ridicule, de même que celui qui se conforme aux lois et aux usages ne sera jamais ni un insupportable voisin ni un phénomène de méchanceté. Mais, qu'on dise ce que l'on voudra! toutes ces règles corrompent le vrai sentiment et la vive expression de la nature. Tu te récries que j'exagère, et que les règles se contentent d'élaguer et d'émonder les rameaux luxuriants; veux-tu une comparaison, mon ami? Il en est de cela comme de l'amour. Voici un jeune cœur qui, tout entier, s'attache à une jeune fille; il lui apporte toutes les heures de sa journée : fortune, énergie, il dépense tout pour que chaque instant lui répète qu'il lui veut tout sacrifier. Puis arrive un Philistin, un individu qui a une belle place, qui lui dit : « Mon jeune monsieur, aimer, c'est d'un homme; seulement il faut aimer comme un homme! Partagez vos instants: les uns pour le travail, et ce qui restera pour votre maîtresse. Faites un peu le compte de votre fortune : vos besoins d'abord; puis après cela je ne vous défends pas de faire un présent de temps en temps, pas trop souvent, mais le jour de la fête, ou à l'anniversaire de la naissance! » Notre amoureux l'écoute; il devient un jeune homme utile, et je conseillerai au prince de le mettre dans les emplois. Quand à l'amour, c'est fini ! et quant à l'art, si c'est un artiste, c'est fini aussi !

O mon ami ! pourquoi le torrent du génie déborde-t-il si rarement ? pourquoi si rarement se gonfle-t-il en flots tumultueux, pour faire frissonner notre poitrine émue ? Cher ami, sur les deux rives il y a des *messieurs* bien raisonnables. Ce torrent ruinerait leurs pavillons, leurs parterres de fleurs et leurs plates-bandes de tulipes ; aussi, avec des digues et des tranchées, ils savent, en temps opportun, prévenir le danger qui les menace.

27 mai.

Je m'aperçois que je suis retombé dans la redite, la déclamation et la comparaison, ce qui m'a fait oublier de te raconter la suite de mon histoire avec les enfants. J'étais donc assis, plongé dans la contemplation artistique que t'expliquait ma lettre d'hier. Je demeurai environ deux heures sur ma charrue. Vers le soir, une jeune femme vint chercher les enfants : ils avaient été fort tranquilles pendant tout ce temps. La jeune femme avait un panier au bras. Elle cria de loin : « Philippe, tu es un bon garçon ! » Elle me salua ; je lui rendis son salut, me levai, m'approchai d'elle, et lui demandai si elle était la mère de ces enfants. Elle me répondit qu'elle l'était ; elle donna à l'aîné la moitié d'un gâteau, prit le petit, et l'embrassa avec toutes les marques de la tendresse maternelle.

« J'ai, me dit-elle, donné le petit à tenir à Philippe, et je suis allée à la ville avec mon aîné, pour acheter du pain blanc, du sucre et un poêlon de terre. » Je vis tout cela dans le panier, dont le couvercle était tombé. « Je veux faire ce soir une petite soupe pour Jean. » C'était le nom du petit. « L'aîné a cassé le poêlon hier, le méchant oiseau ! en se battant avec Philippe pour le gratin. » Je m'informai de cet aîné, et elle m'avait à peine dit qu'il chassait une bande d'oies dans la prairie, qu'il accourut en sautant : il avait à la main une petite baguette de coudrier. Je m'entretins encore quelque temps avec la femme, et j'appris qu'elle était la fille du maître d'école et que son mari faisait un voyage en Suisse pour recueillir l'héritage d'un cousin. « On avait voulu le tromper, me dit-elle ; on ne répondait plus à ses lettres ; il avait dû partir. Pourvu qu'il ne lui soit arrivé aucun malheur ! Je n'ai plus de nouvelle. « Il m'en coûtait de quitter cette femme : je donnai un kreutzer à chacun des enfants, et un à la mère pour qu'elle achetât encore un pain blanc au petit, quand elle irait à la ville. Nous nous séparâmes.

Je le déclare, mon ami, au milieu même de la plus ardente exaltation, tout le tumulte intérieur de mon âme se calme à la voix d'une créature comme celle-ci, parcourant dans une paix heureuse le cercle étroit de sa vie, joignant le jour au jour avec effort, et voyant tomber les feuilles sans penser à autre chose, si ce n'est que l'hiver approche.

Depuis cette rencontre, je suis sorti souvent. Les enfants sont accoutumés à moi ; quand je prends mon café, ils me demandent du sucre, et, le soir, ils partagent avec moi la tartine et le lait sur. Le dimanche, le kreutzer ne leur manque jamais, et, s'il m'arrive de ne pas me trouver là au moment voulu, l'hôtesse a reçu l'ordre de le donner de ma part.

Ils ne sont pas trop sauvages : ils me racontent toutes sortes d'histoires ; puis je prends plaisir à leurs petites passions et aux naïves expressions de leurs rivalités, quand les autres enfants du village se rassemblent ici.

J'ai eu assez de peine à tranquilliser la mère. « Les enfants vont gêner monsieur ! »

30 mai.

Ce que je te disais l'autre jour de la peinture s'applique aussi à la poésie. Il ne s'agit que de reconnaître le beau et de pouvoir l'exprimer. Il est vrai que c'est là beaucoup dire en peu de mots. J'ai été aujourd'hui témoin d'une scène qui, simplement décrite, serait la plus belle idylle du monde. Mais poésie, scène, idylle, qu'est-ce que tout cela fait ici? Faudra-t-il toujours faire de l'art dès qu'on est en présence de quelque belle manifestation de la nature ?

Si, d'après ce début, tu attends du sublime et du magnifique, te voilà bien trompé ! Il s'agit tout simplement d'un garçon de ferme qui a excité chez moi cette vive sympathie. Je vais, selon l'usage, raconter très-mal la chose, et toi, je pense, tu vas t'emporter, toujours selon l'usage. C'est Wahlheim, et toujours Wahlheim, qui produit ces merveilles.

Il y avait devant le cabaret une société qui prenait son café sous les tilleuls : comme elle ne me convenait pas parfaitement, je trouvai un prétexte pour me tenir à l'écart.

Un jeune paysan sortit de la maison voisine, et s'occupa de quelques réparations à la charrue que j'ai dessinée dernièrement. Il me plut : je lui adressai la parole, je l'interrogeai sur sa position ; la connaissance fut assez promptement faite, et nous fûmes bientôt en confiance. C'est ce qui m'arrive presque toujours avec ces braves gens. Il me conta qu'il était en service chez une veuve, et qu'il en était bien traité. Il m'en parlait tant, il la louait si fort, que je vis bientôt qu'il lui était dévoué corps et âme. « Elle n'est plus jeune, me dit-il, elle a été malheureuse avec son premier mari, et elle n'en veut point prendre un second. » Ce qui pour moi ressortait clair et net de son récit, c'est qu'à ses yeux elle était belle et charmante, et qu'il voulait l'épouser pour effacer les souvenirs des torts du défunt. Que ne puis-je te rendre ses paroles mêmes, pour te faire mieux sentir l'inclination pure, l'amour et la fidélité de ce jeune homme? Mais il faudrait tous les dons de la poésie pour te rendre aussi la vivante expression de ses gestes, l'harmonie de sa voix et le feu céleste de ses regards. Qui pourrait reproduire l'excessive délicatesse et de son maintien et de sa parole? en vérité, je trouve tout ce que je dis là bien grossier, en comparaison. Et comme je fus touché, quand il me dit qu'il avait peur maintenant que je n'eusse une mauvaise opinion d'elle, et un doute peut-être sur la pureté de leurs relations ! Et quel charme encore de l'entendre parler de ses attraits, de sa beauté, qui, sans avoir les grâces de la jeunesse, le prenait pourtant et le captivait ! Je ne puis que sentir cela en moi-même ; mais l'exprimer, je ne le saurais pas. Le désir haletant, l'aspiration ardente et dévorante, jamais dans ma vie je ne l'ai rencontrée unie à tant de pureté, jamais je ne l'ai ainsi imaginée ou rêvée ! Ne me gronde pas si je te dis qu'au souvenir de cette innocence et de cette vérité dans l'amour, mon âme s'embrase encore, que l'image de cette fidélité et de cette tendresse me suit partout, et que, ravi par elle dans une extase brûlante, je me consume et languis.

Maintenant, il faut que je la voie... ou plutôt non : il vaut mieux que je ne l'aperçoive qu'à travers les yeux de son adorateur. Peut-être les miens ne la verraient-ils pas aussi séduisante ; à quoi bon me gâter cette belle image?

6 juin.

Pourquoi je ne t'écris pas? Tu demandes cela, et tu es un savant ! Tu devrais penser que je me trouve bien, et alors... En un mot, voilà : j'ai fait une connaissance qui me tient au cœur. Mais très-fort ! J'ai... je ne sais ce que j'ai...

Te raconter la chose en détail et comme elle est arrivée, te dire comment j'ai rencontré la plus aimable créature que j'aie jamais connue, cela me serait assez difficile. Je suis charmé, ravi... mais pas historien !

Un ange ? fi ! c'est ce que chacun dit de la sienne, n'est-ce pas ? Je ne suis pas capable de t'exprimer à quel point elle est charmante et pourquoi elle est charmante ; seulement elle m'a pris l'âme. Voilà tout ! Tant de simplicité avec tant d'intelligence, tant de bonté et tant de fermeté, et ce calme souverain, au sein même de l'activité et de la vie vivante !

Misérable bavardage ! tout ce que je te dis là ; insignifiante abstraction qui ne peut te rendre un seul trait d'elle-même. Une autre fois !... Eh bien, non, ce n'est pas une autre fois, c'est maintenant que je veux tout te raconter ! Si je ne le faisais pas maintenant, je ne le ferais jamais ; car, entre nous, depuis que j'ai commencé à t'écrire, trois fois déjà j'ai été sur le point de quitter la plume, de faire seller mon cheval et de m'en aller chez elle. Cependant je me suis juré ce matin de n'y point aller, et à chaque minute je me mets à la fenêtre pour voir si le soleil est encore bien haut...

Je n'ai pas pu résister : il l'a fallu... J'en reviens.... Maintenant, Wilhelm, je vais manger ma tartine du soir... et t'écrire. Oh ! quelles délices pour mon âme de la voir ainsi au milieu de ses chers enfants si gais, de ses sœurs et de ses frères. . Ils sont huit !

Mais si je continue ainsi, tu ne seras pas plus savant à la fin qu'au commencement. Écoute donc ! Je me résigne au détail !

4.

Dernièrement je t'écrivais que j'avais fait la connaissance du bailli S..., et qu'il m'avait engagé à l'aller voir dans son ermitage, ou plutôt dans son petit royaume. Je l'avais complétement oublié, et je n'y serais sans doute jamais allé, si le hasard ne m'avait découvert le trésor que recèle ce paisible séjour.

Nos jeunes gens avaient arrangé un bal à la campagne, et j'y devais aller. J'offris la main à une douce et belle jeune fille, insignifiante d'ailleurs ; il fut convenu que je me chargeais de la voiture pour conduire ma danseuse et une de ses cousines, et que nous prendrions en route Charlotte S... — Vous allez voir une bien jolie femme, me dit ma compagne pendant que nous traversions la longue avenue de la forêt qui conduit à la maison de chasse. Prenez garde d'en devenir amoureux !

— Et pourquoi cela ?

— Elle est déjà promise à un excellent homme, qui est maintenant en voyage pour mettre ordre à ses affaires. Son père est mort ; il va obtenir une très-belle place.

Tout cela m'était parfaitement indifférent.

Il s'en fallait encore d'un quart d'heure que le soleil n'atteignît le sommet de la colline quand nous arrivâmes devant la porte de la cour. Il faisait une chaleur accablante, et les deux femmes exprimaient leur crainte qu'il ne fît un orage. De gros nuages sombres, d'un blanc gris, s'amoncelaient à l'horizon. Je dissipai leur inquiétude en faisant étalage de connaissances météorologiques ; mais, à vrai dire, je craignais assez que notre partie ne souffrît quelque peu.

Je descendis, et une servante, qui se montrait à la porte, nous pria d'attendre un instant : mademoiselle Charlotte allait venir tout à l'heure. Je traversai la cour, me dirigeant vers une maison bien bâtie. Je monte l'escalier d'un perron ; j'entre, et je vois le plus charmant spectacle qui ait jamais frappé mes yeux.

Dans une sorte de parloir, six enfants de deux à douze ans se pressaient en groupes serrés autour d'une jeune fille de taille moyenne, mais bien prise, vêtue d'une simple robe blanche, avec des nœuds rouge pâle aux bras et au sein. Elle tenait un pain noir et coupait à la ronde, donnant à chacun des petits un morceau proportionné à son âge et à son appétit, et avec quelle affection elle donnait ! et comme chacun disait naïvement « Merci ! » en levant bien haut ses petites mains, avant même que le morceau fût coupé, puis content de sa part, se retirait en sautillant, ou bien, s'il était d'un caractère plus calme, s'en allait paisiblement vers la porte, pour voir l'étranger et la voiture dans laquelle Charlotte s'en allait ! « Je vous demande pardon, me dit-elle, de vous avoir donné la peine de venir ici et d'avoir fait attendre ces dames. » Je répondis par un compliment insignifiant. Déjà mon âme se livrait au charme de sa beauté, de sa voix, de son maintien. J'eus à peine le temps de me remettre de cette émotion foudroyante, pendant qu'elle courut à sa chambre pour prendre ses gants et son éventail. Les petits se tenaient à l'écart, me regardant de côté. Je m'avançai vers le plus jeune, une ravissante figure. Il fit un pas en arrière au moment où Charlotte parut sur le seuil. « Louis, dit-elle, donne la main à ton cousin. » L'enfant me tendit sa main de bon cœur, et je ne pus m'empêcher de l'embrasser très-fort, malgré son petit nez barbouillé.

— Cousine! dis-je à mon tour en offrant la main à Charlotte, croyez-vous que je serais digne du bonheur d'être de vos parents?

— Oh! notre parenté est très-étendue, répondit-elle avec un malicieux sourire, et je ne voudrais pas que vous fussiez le plus mauvais de mes cousins.

Tout en parlant, elle confia à Sophie, l'aînée des enfants après elle — une fille d'à peu près onze ans — le soin de surveiller les autres, et lui recommanda de souhaiter le bonsoir au père quand il rentrerait de sa promenade. Elle recommanda aux enfants d'obéir à Sophie comme à elle-même ; quelques-uns le promirent, mais une petite blondine, espiègle de six ans : « Sophie, s'écria-t-elle, ce n'est pourtant pas toi, Lolotte! et nous aimons mieux que ce soit toi. » Les deux aînés avaient déjà grimpé derrière la voiture ; j'avais demandé qu'elle leur permît de nous accompagner jusqu'à la forêt, s'ils promettaient de ne pas se faire de malices et de se bien tenir.

Nous étions à peine installés dans la voiture, que les femmes se souhaitèrent la bienvenue, firent des remarques sur la toilette les unes des autres, principalement sur les chapeaux, et passèrent en revue la compagnie que l'on attendait. Charlotte fit arrêter le cocher pour que ses frères descendissent ; ils lui demandèrent encore une fois sa main à baiser : l'aîné, avec toute la tendresse que l'on pouvait attendre de ses quinze ans; l'autre, avec une courtoisie et une vivacité charmantes. Elle les fit saluer encore une fois, et nous repartîmes.

La cousine lui demanda si elle avait fini le livre qu'elle lui avait envoyé dernièrement. « Non, répondit Charlotte, il ne me plaît pas; vous pouvez le reprendre. Le précédent ne valait pas mieux. »

Je lui demandai quels étaient ces livres, et je fus assez étonné de sa réponse[1]. Je trouvais à tout ce qu'elle disait une véritable originalité; chaque mot de plus était une grâce nouvelle, chaque parole, un nouveau rayon de l'âme illuminant les traits de son visage, qui s'épanouissait de plus en plus en voyant que je la comprenais.

« Quand j'étais plus jeune, continua-t-elle, je n'aimais rien tant qu'un roman. Dieu sait quelle joie c'était pour moi quand le dimanche je me mettais dans un coin pour m'intéresser, et de tout mon cœur, aux prospérités et aux revers de quelque miss Jenny ! Je ne nie pas que, même à présent, cela n'ait encore pour moi quelque attrait. Mais je prends si rarement un livre, qu'il faut qu'il ait un rapport direct avec ma position. L'auteur que je préfère, c'est celui dans lequel je retrouve mon propre monde, où l'on agit comme on agit autour de moi, et dont l'histoire

---

[1] On a cru nécessaire de faire disparaître une partie de cette lettre pour ne faire de peine à personne, quoique, au fond, les auteurs prennent assez peu de souci de l'opinion isolée d'un jeune homme ou d'une jeune fille. (*Note de l'auteur.*)

m'est d'autant plus intéressante et chère, que c'est ma vie à moi... pas un paradis sans doute, mais, à tout prendre, la source d'une ineffable félicité ! »

Je m'efforçai de cacher l'émotion que me causaient ces paroles. Je n'y réussis guère. Quand je l'entendis parler avec tant de vérité du *Vicaire de Wakefield* et de quelques autres livres, je fus tout à fait hors de moi. Je lui dis tout ce que j'avais dans l'esprit, et ce ne fut qu'au bout de quelque temps, quand Charlotte eut adressé la parole aux deux autres femmes, que je m'aperçus qu'elles étaient là, les yeux grands ouverts, à mille lieues de notre conversation. La cousine me regarda plus d'une fois avec un petit air moqueur auquel je ne pris pas garde.

La conversation tomba sur le plaisir de la danse. « Si ce goût-là est condamnable, dit Charlotte, je n'en avoue pas moins très-franchement que je ne mets rien au-dessus. Quand j'ai quelque chose dans la tête et que je me place à mon clavecin désaccordé pour tapoter une contredanse, je suis guérie. »

Pendant qu'elle parlait, je me noyais dans ses yeux noirs. Comme ces lèvres frémissantes, comme ces joues fraîches et brillantes attiraient mon âme tout entière ! Comme j'aimais à me perdre dans le sens profond de ses discours, pendant que souvent je n'entendais même pas les mots dont elle se servait ! Mais tu t'imagines bien tout cela ! ne me connais-tu pas ? Nous atteignîmes le lieu de la fête. Je descendis de voiture comme on ferait dans un rêve ; le rêve ne me quittait plus ; je vivais dans le demi-jour d'un monde mystérieux ; à peine si j'entendais la musique, qui nous arrivait par éclats d'une salle splendidement illuminée.

Deux messieurs, M. Audran et un certain M. N... (est-ce qu'on peut se rappeler tous les noms?), qui étaient les danseurs de Charlotte et de sa cousine, vinrent nous recevoir à la portière; ils s'emparèrent de leurs dames et j'introduisis la mienne.

Nous nous entrelaçâmes dans la chaîne d'un menuet. J'invitai toutes les femmes l'une après l'autre; les plus laides étaient précisément celles qui pouvaient le moins se résoudre à donner leur main pour en finir. Charlotte et son danseur commencèrent une *anglaise;* quel plaisir pour moi quand la figure la ramenait à nous! Il faut la voir danser! Elle y va de toute âme et de tout cœur! Tout son corps est une harmonie. Soucis, pensées, préoccupations, maison, affaires, tout disparaît pour un instant : elle danse!

Je lui demandai la seconde contredanse; elle m'accorda la troisième, et me dit, avec la franchise la plus aimable du monde, qu'elle dansait parfaitement *l'allemande.* « C'est l'usage ici, continua-t-elle, que les couples qui se conviennent restent ensemble pour l'allemande. Mon danseur valse mal, et il me remerciera si je le débarrasse de la corvée; votre danseuse, à vous, ne sait ni ne veut, et j'ai remarqué, pendant l'anglaise, que vous valsiez bien. Si vous me voulez, allez me demander à mon cavalier, je vais vous demander à votre dame. »

Je lui donnai la main : tout s'arrangea, et son danseur s'occupa de ma danseuse. On commença. Nous nous amusâmes d'abord à diverses passes de bras.

Quelle grâce dans tous ses mouvements, et quelle légèreté ! Bientôt ce fut le tour de la valse ; les couples, comme des sphères, roulaient les uns autour des autres ; il y eut un peu de désordre en commençant, tout le monde n'étant pas encore au fait.

Nous fûmes prudents : nous les laissâmes s'épuiser, et, quand les plus maladroits nous eurent laissé le champ libre, nous partîmes avec un autre couple, Audran et sa danseuse. Jamais je n'avais moins tenu à la terre. Je n'étais plus un homme. Sentir dans mes bras cette ravissante créature, passer avec elle dans un tourbillon, comme l'orage, sous qui tout ploie... et... Wilhelm, faut-il être franc ? jamais la jeune fille que j'aimerai, sur laquelle j'aurai de l'empire, non, jamais elle ne valsera avec un autre qu'avec moi, dussé-je périr ! Tu me comprends...

Nous fîmes quelques tours en marchant dans la salle pour respirer ; elle s'assit, et les oranges que j'avais mises de côté pour elle — il n'en restait plus que quelques-unes — firent un merveilleux effet : seulement chaque petite tranche que, par politesse, elle offrait à une voisine indiscrète, me donnait comme un coup au cœur !

Pour la troisième anglaise, nous étions le second couple. Comme nous faisions la figure, et que moi, Dieu sait avec quelles délices ! je me suspendais à ses bras et à ses yeux tout rayonnants de la vive expression du plaisir le plus pur, nous nous trouvâmes rapprochés d'une femme dont j'avais remarqué le maintien gracieux, bien qu'elle ne fût déjà plus tout à fait jeune. Elle regarda Charlotte en riant, leva un doigt menaçant, et, en passant devant nous, elle prononça deux fois le nom d'Albert avec une certaine expression.

« Qu'est-ce donc qu'Albert, dis-je à Charlotte, si ce n'est point une indiscrétion que de le demander? » Elle allait répondre, mais nous dûmes nous séparer pour la figure du grand 8; quand nous nous croisâmes, je crus remarquer l'ombre d'une préoccupation sur son front.

« Pourquoi vous cacherais-je, me dit-elle en me donnant la main pour la promenade, qu'Albert est un excellent jeune homme, auquel je suis comme fiancée? »

Ce n'était rien m'apprendre; l'autre jeune fille m'avait déjà dit cela chemin faisant, et cependant cela devenait tout nouveau pour moi, car en l'apprenant tout d'abord je ne savais pas qu'il s'agissait d'elle! d'elle qui, en si peu d'instants, m'était devenue si chère! Je me troublai, je m'oubliai, je me trompai de vis-à-vis, j'embrouillai le quadrille; il fallut toute la présence d'esprit de Charlotte, me tirant ici et me poussant là, pour rétablir promptement l'ordre.

On dansait encore quand déjà les éclairs qui brillaient depuis longtemps à l'horizon, et que je donnais toujours pour des éclairs de chaleur, devinrent de plus en plus forts : le tonnerre couvrit la musique. Trois dames sortirent du cercle : leurs cavaliers les suivirent, l'orchestre s'arrêta, le désordre devint général. Quand un malheur ou quelque terreur subite nous surprend au sein du plaisir, il est naturel que l'impression produite soit plus violente qu'en toute autre circonstance, par suite du contraste qui la rend plus saisissante ; puis surtout parce que nos sens, déjà ouverts à l'émotion, se laissent bien plus promptement saisir. J'attribue à toutes ces causes les étranges grimaces dans lesquelles je vis tomber la plupart de nos femmes. La plus avisée s'assit dans un coin, le dos tourné à la fenêtre et les mains sur ses oreilles ; une autre s'agenouilla devant elle et se cacha la tête dans son sein ; une troisième se blottit entre ces deux-là, embrassant ses petites sœurs et les baignant de ses larmes. Les unes voulaient s'en retourner chez elles ; les autres, qui ne savaient pas trop ce qu'elles faisaient, n'avaient même pas l'idée de réprimer le libertinage de nos jeunes fats, qui paraissaient très-occupés à intercepter en chemin, sur les lèvres mêmes des belles affligées, les prières pleines d'angoisse qu'elles destinaient au ciel. Quelques-uns de nos messieurs s'étaient mis à l'écart pour fumer une pipe tranquillement. Le reste de la compagnie ne rejeta pas la proposition de l'hôtesse, qui eut l'heureuse idée de nous offrir une chambre où il y avait des volets et des rideaux. Nous n'y fûmes pas plutôt entrés que Charlotte fit ranger les chaises en cercle, et comme, à sa demande, chacun avait pris place, elle annonça qu'elle allait organiser un jeu.

J'en vis qui, dans l'espérance d'un doux gage, commençaient à se redresser et à faire des mines. « Nous jouons à compter, dit Charlotte, attention ! Je tourne de droite à gauche : vous comptez ! chacun son chiffre ! A mesure que le tour lui vient, celui qui hésite ou qui se trompe, un soufflet ! et ainsi jusqu'à mille. »

C'était amusant à voir. Elle parcourait le cercle le bras tendu. Le premier dit : « Un. — Deux, fit le second. — Trois, » poursuivit l'autre ; et toujours ainsi. Mais bientôt elle commença d'aller plus vite et plus vite : il y en eut un qui se trompa : pan ! un soufflet, et tous de rire ; le suivant aussi, pan ! et toujours plus vite ! J'attrapai aussi mes deux petits soufflets, et je crus remarquer, non sans plaisir, qu'elle me les avait donnés un peu plus fort qu'aux autres. Le jeu finit, au milieu du rire et de l'entrain général, avant qu'on fût arrivé à mille.

L'orage était passé : je suivis Charlotte dans la salle. Comme nous y allions : « Avec les soufflets, dit-elle, ils ont oublié l'orage et tout ! » Je ne pus rien répondre. « J'étais, continua-t-elle, une des plus effrayées, et, tout en m'excitant pour donner du courage aux autres, j'en ai pris moi-même. »

Nous allâmes à la fenêtre. Il tonnait au loin : une pluie abondante tombait sur la terre retentissante. Çà et là, dans l'air embrasé, flottaient des exhalaisons ardentes. Charlotte s'appuyait sur son coude ; son regard parcourait la campagne ; elle le reporta au ciel, puis sur moi. Je vis ses yeux pleins de larmes. Elle posa sa main sur la mienne et dit : « O Klopstock ! » Je me rappelai aussitôt l'ode sublime qui était dans sa pensée, et je me plongeai dans le torrent d'émotions qu'avec cette parole elle avait déchaîné sur moi. Je ne pus les supporter. Je m'inclinai sur sa main ; je la baisai en la mouillant de larmes délicieuses, et je regardai encore ses yeux. O noble poëte ! pourquoi n'as-tu pu voir ton apothéose dans ce regard ? et moi-même, désormais, puissé-je ne plus jamais entendre prononcer ton nom, si souvent profané !

10 juin.

Où en suis-je resté dernièrement de mon histoire ? c'est ce que je ne sais plus. Ce que je sais, c'est qu'il était deux heures après minuit quand je me mis au lit, et que si j'avais pu bavarder avec toi au lieu de t'écrire, je t'aurais probablement tenu jusqu'au matin.

Je ne t'ai pas encore raconté notre retour du bal, et aujourd'hui même je n'ai guère le temps.

C'était bien le plus magnifique coucher de soleil ! la pluie dégouttant du bois, et autour de nous la terre rafraîchie ! Nos compagnes s'assoupirent. — Ne voulez-vous point être de la partie ? me dit-elle ; je ne me fâcherai point.

— Aussi longtemps, lui répondis-je, que je verrai ces yeux ouverts (et je la regardai), il n'y pas à craindre que je ferme les miens.

Nous avons tenu bon tous deux jusqu'à sa porte, qu'une servante vint ouvrir doucement, tout en répondant à ses questions que son père et les petits allaient bien, et que tous dormaient.

Je la quittai en lui demandant la permission d'aller la voir quelque jour. Elle me l'accorda : j'y suis allé ; et, depuis ce temps, le soleil, la lune et les étoiles s'arrangent comme ils veulent... Je ne sais plus si c'est le jour ou si c'est la nuit, et, autour de moi, tout ce vague univers disparaît.

20 juin.

Je vis des jours heureux, comme ceux que Dieu réserve à ses élus ; et maintenant, advienne que pourra ! J'aurai goûté les joies, les plus pures joies de la vie. Tu connais mon Wahlheim : j'y suis complétement établi, et de là je n'ai qu'une demi-heure pour être chez Charlotte. A Wahlheim, je me sens être moi, et je goûte tout le bonheur qui peut être donné à l'homme.

Ah ! si j'avais su, en choisissant ce village comme but de mes promenades, qu'il était si près du ciel... Et cette maison de chasse, qui renferme à présent tous mes désirs, combien de fois, dans mes excursions lointaines, combien de fois ne l'ai-je pas aperçue, ou du sommet de la colline ou du bord du ruisseau !

Cher Wilhelm ! j'ai souvent réfléchi sur ce désir qu'ont des hommes de se répandre au loin, de faire de nouvelles découvertes et de vaguer çà et là ; et aussi sur ce penchant secret à restreindre et à se borner soi-même, et à s'avancer dans l'ornière battue de l'habitude, sans plus regarder à droite ni à gauche.

Voilà une chose étrange. Quand j'arrivai ici et que du haut de la colline je contemplai cette belle vallée, je sentis comme un charme qui m'attirait. Et le petit bois, là-bas ! oh ! si tu pouvais te mêler à ses ombrages ! Et la cime de cette montagne ! oh ! si, de là, tu pouvais embrasser le vaste paysage ! Et ces collines, et ces vallées aimables qui s'enlacent comme les anneaux d'une chaîne ! Que je voudrais me perdre dans leur sein ! J'allai là, puis je revins : je n'avais pas trouvé ce que j'espérais. Il en est de l'éloignement comme de l'avenir. Un demi-jour crépusculaire flotte devant notre âme, et l'imagination s'y noie comme les yeux. Nous voulons nous livrer tout entiers et nous abreuver des délices d'un sentiment complet, dominateur, immense... Nous partons ! et, quand nous sommes arrivés, quand ce qui était *là* est *ici*, c'est toujours la même chose... et nous restons dans notre misère étroite ! et notre âme est toujours haletante après la coupe qui fuit toujours !

C'est ainsi que le vagabond inquiet revient enfin dans la patrie, et trouve dans sa cabane, sur le sein d'une épouse, au milieu de ses enfants, et dans le travail qui les fait vivre, le bonheur qu'il avait cherché vainement dans le vaste monde !

Quand le matin, au soleil levant, je vais à Wahlheim, que, dans le jardin de mon hôtesse, je cueille moi-même mes pois, que je m'assieds là, que je les écosse, et que, tout en faisant cela, je lis dans mon Homère ; quand je vais choisir un pot dans la cuisine, que je coupe mon beurre, que je mets les pois au feu, et que je m'assieds tout près pour les remuer de temps en temps, je comprends alors parfaitement les fiers amants de Pénélope, tuant leurs porcs et leurs bœufs, les découpant et les faisant rôtir. Rien au monde ne me remplit d'un sentiment plus doux et plus vrai que ces traits de la vie patriarcale, et, grâce à Dieu, je puis sans affectation les faire passer dans ma propre vie.

Oui, c'est là un de mes bonheurs ! mon cœur peut goûter les simples et innocents plaisirs d'un homme qui, en mettant sur sa table un chou planté par lui, ne jouit pas seulement de son chou, mais de tant d'heureux jours : de la belle matinée où il l'a planté, du soir charmant où il l'arrosa. Et comme lentement il le voyait croître ! en un seul instant toutes ces joies lui reviennent, et il les goûte encore !

26 juin.

Avant-hier le médecin vint de la ville pour voir le bailli, et il me trouva par terre au milieu des enfants. Les uns grimpaient sur moi, les autres me pinçaient ; je les chatouillais, et tous ensemble nous faisions un vrai tapage. Le docteur, qui est une espèce de poupée sentencieuse, qui parle en arrangeant les plis de sa manchette, et en étalant un jabot qui n'en finit plus, trouva tout ceci fort au-dessous de la dignité d'un homme instruit : je m'en aperçus à sa mine. Je n'y pris guère garde, je le laissai débiter ses belles choses, et je rebâtis pour les petits le château de cartes qu'ils venaient de renverser ; et le docteur s'en alla porter ses plaintes par la ville. « Les enfants du bailli étaient assez mal élevés déjà, et ce Werther allait achever de les gâter ! »

Oui, mon cher Wilhelm ! les enfants ! rien dans ce

monde ne me va plus au cœur. Quand je les contemple; quand, dans leurs petits jeux, je vois le germe de toutes les vertus, de toutes les forces dont un jour ils auront tant besoin ; quand je découvre dans leur obstination présente la fermeté future et la solidité du caractère; dans leur petit courage, la bonne humeur et la légèreté avec laquelle ils glisseront sur les dangers du monde, et tout cela si naïf, sans aucun mélange, ah ! toujours je me rappelle ces paroles d'or du Maître des hommes : « Si vous ne devenez semblable à un de ceux-ci ! » Et pourtant, mon bon, ces enfants qui sont nos pareils, que nous devrions regarder comme nos modèles, nous les traitons comme nos inférieurs... Il ne faut pas qu'ils aient de volonté ! N'en avons-nous pas, nous autres? Où donc est la raison du privilége? Serait-ce que nous sommes plus âgés et plus instruits? Mon Dieu ! du haut de ton ciel, est-ce que tu vois autre chose que de grands et de petits enfants ? et dans lesquels mets-tu le plus de tes complaisances?... Il y a longtemps que ton Fils nous l'a appris ! Mais ils croient en lui, et ils ne l'écoutent pas ; cela aussi est une vieille histoire ! et ils façonnent leurs enfants à leur image ! et... adieu, Wilhelm : voilà un sujet sur lequel je ne veux pas radoter davantage.

1er juillet.

Ce que Charlotte doit être pour un malade, je le sens à mon pauvre cœur, qui souffre plus que bien des gens étendus sur un lit de langueur. Elle va passer quelques jours à la ville chez une honorable dame, qui, s'il faut en croire les médecins, touche maintenant à sa fin ; elle veut avoir Charlotte auprès d'elle à ses derniers moments.

La semaine d'avant, j'étais allé avec elle rendre visite au pasteur de St..., un petit village à une lieue dans la montagne. Nous y arrivâmes vers quatre heures. Charlotte avait pris deux de ses sœurs avec elle. En entrant dans la cour du presbytère, ombragée de deux grands noyers, nous trouvâmes le bon vieillard assis sur un banc, devant sa porte. Dès qu'il aperçut Charlotte, ce fut comme une vie nouvelle qui lui revenait ! il oublia sa goutte, et se leva pour aller à sa rencontre. Charlotte courut à lui, le força de se rasseoir, s'assit elle-même près de lui, lui présenta tous les compliments de son père, et caressa affectueusement son dernier enfant, passablement malpropre et désagréable, mais qui n'en était pas moins l'idolâtrie de sa vieillesse. Il fallait la voir ! comme elle s'occupait du vieillard ! comme elle élevait la voix pour se faire entendre de cette oreille paresseuse ! comme elle lui parlait de jeunes gens robustes subitement abattus par la mort ! comme elle vantait les vertus des eaux de Carlsbad, et comme elle louait sa résolution d'y passer l'été prochain ! Elle le trouvait bien mieux, beaucoup plus gai qu'à sa dernière visite ! Pendant ce temps-là, je faisais ma cour à la femme du pasteur. Le bonhomme s'était mis tout à fait en belle humeur. Aussi, à peine eus-je loué les beaux noyers qui nous ombrageaient si agréablement, qu'il commença, non

5.

sans quelque peine, à nous en raconter l'histoire. « Pour le vieux, dit-il, nous ne savons pas trop qui l'a planté. Ceux-ci nomment tel pasteur, et ceux-là tel autre ; quant au plus jeune, il a juste l'âge de ma femme : cinquante ans en octobre. Son père le plantait le matin : elle naissait le soir. C'était mon prédécesseur. Combien l'arbre lui était cher, je n'ai pas besoin de vous le dire : il ne l'est pas moins à moi-même. C'est là que ma femme était assise sur un tronc renversé, son tricot à la main, quand moi, pauvre étudiant, j'entrai pour la première fois, il y a vingt-sept ans de cela, dans la cour du presbytère. » Charlotte demanda des nouvelles de la fille ; on lui répondit qu'elle était sans doute dans la prairie, avec M. Schmidt, pour voir les travailleurs, et le vieillard reprit son histoire : il dit comment son prédécesseur l'avait aimé, et sa fille aussi, et comment il avait été son vicaire d'abord, puis son successeur.

Le récit touchait à sa fin, quand la fille du pasteur arriva par le jardin, avec celui qu'on appelait M. Schmidt. Elle souhaita la bienvenue à Charlotte avec une aimable cordialité ; je dois dire qu'elle ne me déplut pas trop. C'est une brunette piquante et bien poussée, avec laquelle le temps ne paraîtrait pas trop long à la campagne ; son amoureux (car M. Schmidt se posait sur ce pied-là tout d'abord) était un homme assez comme il faut, froid, et qui ne voulait pas se mêler à notre conversation, bien que Charlotte fît tout pour l'y engager. Ce qui me contraria davantage, c'est que je pus comprendre à sa physionomie que c'était fierté et mauvaise humeur, plutôt que manque d'intelligence ; la suite ne me le fit voir que plus clairement. Quand Frédérique vint faire un tour de promenade avec Charlotte, et par conséquent avec moi, le visage du monsieur, qui était habituellement d'une coloration brune assez légère, s'assombrit si visiblement, qu'il était temps que Charlotte me tirât par la manche, pour m'avertir que je m'occupais trop de Frédérique. Rien ne m'irrite davantage que de voir les hommes se tourmenter les uns les autres, et surtout de voir des jeunes gens, dans la fleur de la vie, quand leur âme devrait s'ouvrir à toutes les joies, gâter ainsi par leur méchanceté leurs trop rares beaux jours. Plus tard ils sentiront leurs torts irréparables ! Cela me tenait au cœur; quand, vers le soir, nous rentrâmes au presbytère, pendant que nous étions autour de la table dans la cour, pour prendre du lait, la conversation tomba sur les joies et les douleurs de ce monde : je ne pus m'empêcher de saisir l'occasion et de parler énergiquement contre la mauvaise humeur. — Nous autres hommes, disais-je, nous nous plaignons que nos beaux jours soient si rares et les mauvais si communs ; à mon avis, c'est un tort. Si nous avions toujours le cœur ouvert pour recevoir le bien que Dieu destine à chacun de nos instants, nous aurions assez de force aussi pour porter le mal quand il arrive !

—Notre courage dépend un peu de notre tempérament, dit la femme du pasteur... Que le corps a d'influence sur tout cela ! quand on ne se sent pas bien, rien n'est bien.

— Soit ! repris-je alors, je vous accorde une chose :

regardons la mauvaise humeur comme une maladie ;
mais voyons s'il n'y a vraiment aucun remède.

— Écoutons ! dit Charlotte ; je crois pour mon
compte que cela dépend beaucoup de nous ; quand
quelque chose me contrarie et me chagrine, je sautille
dans le jardin, en chantant un ou deux airs de contredanse, et cela se dissipe !

— C'est ce que je voulais dire, repris-je à mon tour :
il en est de la mauvaise humeur comme de la paresse ;
et c'est aussi une sorte de paresse. Notre nature est
pour beaucoup là dedans ; mais, si une fois nous
avons la force de nous vaincre, le travail nous fond
dans les mains, facile et léger, et nous trouvons de
véritables délices dans l'activité.

Frédérique était fort attentive, et le jeune homme
riposta qu'on n'était pas maître de soi, et qu'on pouvait
l'être encore moins de ses sentiments.

— Il est ici question, répondis-je, de sentiments
désagréables, et personne ne peut savoir jusqu'où vont
ses forces avant de les avoir essayées.. Celui qui est
malade s'adresse à tous les médecins, et sa résignation profonde ne recule point devant les remèdes amers
pour retrouver la santé désirée.

Je remarquai que le respectable vieillard prêtait
l'oreille pour prendre part à la conversation, j'élevai
la voix et me tournai vers lui. — On prêche, dis-je
alors, sur tant de vices ! je ne crois pas pourtant que
l'on ait encore travaillé en chaire la mauvaise humeur.

— C'est, répondit le pasteur, ce que devraient
faire les prêtres de la ville : les paysans n'ont pas de

mauvaise humeur ; et pourtant un sermon de ce genre, de temps en temps, cela ne pourrait pas nuire... ce serait pour la femme du pasteur, ou pour M. le bailli !

La compagnie se mit à rire et lui aussi, jusqu'à ce qu'une quinte de toux qui le prit vint interrompre notre discours. Ce fut l'amoureux de Frédérique qui recommença. — Vous appelez, dit-il, la mauvaise humeur un vice ; cela me semble exagéré.

— Pas du tout, répondis-je, et la chose avec laquelle on se blesse soi et les autres mérite bien ce nom... Montrez-moi donc un homme de mauvaise humeur qui soit assez fort pour cacher cette humeur ou la porter si vaillamment qu'il ne détruise pas toute joie autour de lui. Ou bien n'est-ce pas plutôt un découragement intérieur venant du sentiment de notre peu de valeur, un dépit secret, qui naît de la vanité et qui grandit avec l'envie? Nous voyons les autres heureux sans que leur bonheur vienne de nous ; cela nous est insupportable.

Charlotte me sourit en voyant avec quelle émotion je parlais, et une larme qui brilla dans les yeux de Frédérique me poussa à continuer. « Malheur à ceux qui se servent de l'empire qu'ils ont sur un cœur pour lui ravir les joies simples qui germent en lui ! Tous les présents, toutes les amabilités du monde, ne compensent pas un moment de plaisir que, par son envieux dépit, notre tyran nous a gâté. »

Mon cœur débordait : les souvenirs du passé se pressaient dans mon âme ; les larmes me vinrent aux yeux.

Je continuai : « Si l'on se disait tous les jours : Tu ne peux rien pour tes amis; rien, que leur laisser leurs joies et augmenter leur bonheur en le goûtant avec eux... est-ce que tu peux, quand l'angoisse de la passion les oppresse, quand la douleur les brise, est-ce que tu peux seulement verser dans leur âme une goutte de consolation ? et quand la dernière maladie, la plus cruelle, saisit cette créature que tu as minée dans la fleur de ses jours; quand elle est là, couchée dans des langueurs sans espoir, quand ses yeux éteints cherchent le ciel, quand la sueur de la mort perle sur son front blême, et que tu te tiens, comme un condamné, au pied de ce lit, sentant bien en toi-même qu'avec toute ta fortune tu ne peux cependant rien pour elle, ah! l'angoisse te prend d'être incapable, au prix de tout, de lui donner un peu de rafraîchissement et de force, ou seulement de raviver en elle une étincelle de courage! »

Et, comme je parlais, le souvenir d'une pareille scène, à laquelle moi-même j'avais assisté, me saisit avec violence. Je mis mon mouchoir sur mes yeux; j'oubliai tout le monde, et, pour me rappeler à moi, il fallut la voix de Charlotte qui me disait : « Nous partons! » En chemin, comme elle me gronda sur la vivacité que je mettais à tout : « Je me tuerais ainsi; il fallait me corriger. » Cher ange! je veux vivre pour toi.

6 juillet.

Elle est toujours auprès de son amie mourante, et toujours la même ; toujours cette créature compatissante et douce qui charme la douleur et qui fait des heureux. Elle alla hier soir se promener avec Marianne et la petite Amélie ; je le savais ; j'allai la rejoindre, et nous nous promenâmes ensemble. Au bout d'une heure et demie, nous reprîmes le chemin de la ville et nous nous arrêtâmes à cette fontaine qui jadis m'était si chère, qui m'est à présent mille fois plus chère encore. Charlotte s'assit sur le petit mur ; nous nous tînmes debout devant elle. Je regardai autour de moi et je revis les jours où mon cœur était seul. « Douce fontaine, disais-je, depuis ce temps-là, je n'ai plus joui de ta fraîcheur ; mais, en passant rapidement devant toi, que de fois je t'ai regardée ! » Je me penchai, et j'aperçus Amélie qui remontait avec un verre d'eau. Je regardai Charlotte, et je sentis tout ce qu'elle était pour moi. Cependant Amélie était revenue avec son verre ; Marianne voulut le lui prendre : « Non, dit l'enfant avec une expression charmante, non ! c'est toi, Charlotte, qui vas boire la première. » Je fus si ému de la vérité et de la tendresse avec laquelle cette réponse était faite, que je ne pus davantage maîtriser mon émotion. J'enlevai l'enfant de terre et je l'embrassai si vivement, qu'aussitôt elle se mit à crier et à pleurer. « Vous lui avez fait mal ! » dit Charlotte. J'étais désolé. « Viens, Amélie, dit-elle en la prenant par la main et en descendant les marches avec elle ; lave-toi dans l'eau fraîche. Vite, vite! ce ne sera rien! » Moi, j'étais là, regardant avec quel zèle la petite se frottait les joues de ses mains mouillées; quelle foi profonde elle avait dans la source, qui allait la purifier de toute souillure et la délivrer de la honte de porter une vilaine barbe! Charlotte avait beau dire : « C'est assez! » l'enfant frottait, frottait toujours, pour être plus sûre de son fait. Je te le dis, Wilhelm, je n'ai jamais assisté à un baptême avec plus de respect. Quand Charlotte remonta, je me serais volontiers prosterné devant elle, comme devant un prophète emportant les iniquités d'un peuple.

Le même soir, je ne pus m'empêcher, dans la joie de mon cœur, de raconter l'histoire à un homme à qui je supposais du sentiment, parce qu'il a de l'intelligence. Je tombais bien! Il me répondit que Charlotte avait le plus grand tort; qu'il ne fallait rien faire accroire aux enfants, car, ainsi, l'on donnait naissance à une foule de superstitions et d'erreurs contre lesquelles il fallait les prémunir dès leur jeune âge. Je me rappelai que, huit jours auparavant, il y avait eu un baptême dans sa maison. Je laissai passer la chose, mais, dans mon cœur, je demeurai fidèle à cette vérité : Il faut agir avec les enfants comme Dieu agit avec nous... Et nous rend-il jamais plus heureux que lorsqu'il nous laisse chanceler dans les doux sentiers des illusions?

8 juillet.

Que l'on est enfant! quel prix on attache à un sourire! que l'on est enfant! Nous étions allés à Wahlheim : les femmes étaient en voiture, et, pendant notre promenade, je crus, dans les yeux noirs de Charlotte... Je suis... un fou, pardonne-moi; mais, ces yeux-là, si tu les voyais! Bref (car le sommeil ferme les miens), elles remontèrent : le jeune W..., Selstadt, Audran et moi, nous étions autour de la voiture. Elles causaient à la portière avec ces jeunes fats, très-spirituels et très-gais vraiment. Je cherchai les yeux de Charlotte : ils se portaient de l'un sur l'autre; mais sur moi, sur moi! sur moi, pour qui elle était tout! ah! ils ne tombèrent pas sur moi... Mon cœur lui disait mille fois adieu... et elle ne me voyait pas! La voiture partit; j'avais une larme dans les yeux. Je regardai encore : ah! je vis le chapeau de Charlotte sortir de la voiture. Elle se pencha pour voir; était-ce moi! Cher, je flotte dans ce doute; c'est ma consolation. Peut-être elle m'a regardé; peut-être! Bonne nuit. Oh! que je suis enfant!

10 juillet.

Si tu voyais l'étrange figure que je fais dans le monde quand on parle d'Elle; quand on me demande si Elle me plaît ! Me *plaire* ! Je hais ce mot comme la mort. Que serait-ce donc que l'homme auquel Charlotte *plairait*, dont elle ne remplirait pas toute l'imagination, l'âme tout entière ? Me *plaire* ! On me demandait aussi dernièrement si Ossian me *plaisait* !

14 juillet.

Madame M. est très-mal. Je prie pour sa vie, car je souffre avec Charlotte. Je la vois quelquefois chez son amie, et aujourd'hui elle m'a raconté une étrange histoire : le vieux M..., un drôle, avare et rusé, a tourmenté et serré de près sa femme toute sa vie ; cependant la pauvre femme a toujours su se tirer d'affaire. Il y a quelques jours, après que le médecin l'eut condamnée, elle fit venir son mari (Charlotte était dans la chambre) et lui parla ainsi : « Il faut que je t'avoue une chose qui, après ma mort, pourrait causer quelque trouble et quelque embarras. J'ai tenu jusqu'ici la maison avec autant d'ordre et d'économie que possible... Pardonne-moi pourtant de t'avoir trompé pendant trente ans. Dans les premiers temps de notre mariage, tu m'as accordé une certaine somme pour la nourriture et les autres dépenses du ménage ; quand nous nous sommes augmentés et que nous avons été plus riches, tu n'as rien voulu ajouter ; enfin tu sais que, dans le temps où nos dépenses ont été le plus considérables, il m'a fallu faire aller la maison avec sept écus la semaine. J'ai accepté sans mot dire ; mais, chaque semaine aussi, j'ai pris le surplus sur nos recettes : personne ne pouvait soupçonner la patronne de voler la caisse. Je n'ai pas hésité à le faire, et je serais entrée confiante dans mon éternité, sans même te l'avoir dit... mais celle qui aura la maison après moi n'aurait pas su se tirer d'affaire à ce prix, et tu aurais persisté à croire que ta première femme en venait à bout. »

Je causai avec Charlotte de cet incroyable aveuglement des hommes qui s'imaginent qu'il n'y a rien sous roche quand une femme peut, avec sept écus, faire face à une dépense qui exige le double ; mais j'ai souvent rencontré des gens qui auraient vu sans étonnement dans leur maison la cruche du prophète, éternellement remplie d'huile.

15 juillet.

Non, je ne m'abuse pas : je lis dans ses yeux noirs une véritable sympathie pour moi, un véritable intérêt pour mon sort. Je sens... et j'ose ici me confier à mon cœur... Mais puis-je exprimer le bonheur du ciel avec des paroles... Je sens qu'elle m'aime !

Elle m'aime ! Combien je me suis cher à moi-même ! combien (je puis te dire cela, à toi qui es capable de me comprendre), combien je m'adore... depuis qu'elle m'aime !

Est-ce de la présomption ou bien est-ce le sentiment vrai de ce que nous sommes l'un pour l'autre ? Je ne connais personne que je craigne dans le cœur de Charlotte; et cependant, quand elle parle de son fiancé, elle en parle avec tant de chaleur, tant d'amour... Je suis alors comme un homme dépouillé de son honneur et de ses dignités, et à qui l'on a retiré son épée.

16 juillet.

Quel frisson me court dans les veines quand, par hasard, mes doigts ont touché les siens, quand nos pieds se sont rencontrés sous la table! Vite, je me retire comme du feu; puis une force mystérieuse me ramène. Tout s'efface et disparait devant moi... Dieu!... et son innocence, et son âme naïve qui ne comprend pas tout ce que ces petites familiarités me font souffrir! Si, quand nous causons, elle met sa main sur la mienne; si, quand la conversation l'intéresse, elle s'approche... si près que le souffle de sa bouche effleure mes lèvres... je crois que je vais mourir, comme touché de la foudre. Si jamais je succombais, cette confiance... Ciel! tu me comprends? Non, mon cœur n'est pas si corrompu. Faible, trop faible; mais, hélas! cela même, n'est-ce pas déjà de la corruption?

Pour moi, elle est sacrée : en sa présence tout désir s'éteint. Quand je suis devant elle, je ne sais ce qui se passe en moi : il me semble que mon âme circule dans mes nerfs. Elle a une mélodie qu'elle joue sur son clavecin avec la puissance d'un ange. Si simple et si pénétrante! C'est son chant favori : troubles, peines et tourments, j'oublie tout lorsqu'elle attaque la première note,

Rien de ce que les anciens ont dit du charme de la musique ne me paraît maintenant invraisemblable. Comme ce simple chant me saisit! et comme elle sait le ramener à temps, juste au moment où je me mettrais volontiers une balle dans la tête! Et alors toutes les ténèbres de mon âme se dissipent, et déjà je respire plus librement.

18 juillet.

Wilhelm, qu'est-ce pour notre cœur que le monde sans l'amour? Une lanterne magique sans lumière. Placez votre lampe, et aussitôt sur le mur blanc apparaissent les images variées; et, quand ce ne serait rien, rien que ce fantôme qui passe, cependant cela fait notre bonheur, quand nous sommes là, naïfs enfants, tout ravis des merveilles que nous voyons. Je n'ai pas pu aller rendre visite à Charlotte : une inévitable compagnie m'a retenu. Que faire? J'ai envoyé mon domestique chez elle, uniquement pour avoir auprès de moi un homme qui l'eût approchée aujourd'hui. Avec quelle impatience je l'attendais! avec quelle joie je l'ai vu revenir! Si la honte ne m'eût retenu, je l'aurais volontiers pris par la tête et embrassé.

On raconte de la pierre de Bologne que, si on l'a exposée au soleil, elle en garde les rayons, et, pendant quelque temps, éclaire la nuit. Il en était de même avec ce garçon : la seule idée que les yeux de Charlotte s'étaient arrêtés sur son visage, sur les bou-

tons de son habit, sur le collet de son surtout, tout
cela me le rendait précieux et cher ; je ne l'aurais pas
donné pour mille thalers. Cela me faisait du bien de
le voir... Dieu te garde de rire ! Wilhelm, sont-ce des
fantômes qui nous rendent si heureux?

19 juillet.

Je vais la voir, me dis-je le matin quand je me
lève, et que, joyeux, je regarde le gai soleil : je vais la
voir! Et alors je n'ai plus un désir tout le reste du
jour; devant cette perspective, tout s'efface.

20 juillet.

Votre idée n'est pas la mienne : il ne faut pas que
j'aille près de l'ambassadeur. Je n'aime pas beaucoup
la subordination, et puis nous savons tous que ce n'est
pas un homme agréable. Ma mère, dis-tu, voudrait
me voir plus d'activité : cela m'a fait rire. Ne suis-je
pas actif? eh! mon Dieu, que je compte des pois ou
des fèves, n'est-ce pas toujours la même chose? Tout,
dans ce monde, aboutit à des futilités, et un homme
qui, sans besoin ou sans goût, mais pour les autres,
pour la fortune, pour l'honneur, consume sa vie dans
le travail, à mes yeux c'est un fou.

24 juillet.

Puisque tu tiens à ce que je n'abandonne pas mon dessin, il vaut mieux n'en pas parler ; autrement il faudrait t'avouer que depuis quelque temps j'ai peu travaillé.

Cependant je n'ai jamais été plus heureux ; jamais le sentiment de la nature, qu'il s'applique à un morceau de caillou ou à un brin d'herbe, n'a été chez moi ni plus vif ni plus profond. Et pourtant, je ne sais comment t'exprimer cela, ma puissance créatrice est tellement affaiblie, tout s'altère et disparaît tellement devant moi, que je ne puis pas arrêter un contour ; mais je m'imagine que, si j'avais de l'argile ou de la cire, je façonnerais quelque chose. Si cela dure, je prendrai de la cire ou de l'argile, et... je ferai des boulettes.

J'ai entrepris trois fois le portrait de Charlotte, et trois fois je me suis déshonoré. Cela m'a fait d'autant plus de peine que depuis quelque temps j'étais assez heureux en croquis. Enfin j'ai fait une silhouette : il faudra bien que je m'en contente !

26 juillet.

Oui, Charlotte bien-aimée, je vais m'occuper de tout, je vais tout arranger. Donnez-moi encore plus de commissions à vous faire ; seulement, je vous en prie, plus de sable sur les petits billets que vous m'écrivez. J'ai porté trop vite à mes lèvres celui d'aujourd'hui... cela me craque encore sous les dents.

26 juillet.

Déjà plus d'une fois je me suis promis de ne plus la voir si souvent... mais qui pourrait tenir une pareille résolution? Tous les jours je succombe à la tentation. Le soir, je me dis sincèrement : « Demain tu resteras chez toi. » Le lendemain arrive : je trouve un argument sans réplique, et, avant même de m'en apercevoir, je suis chez elle. Ou bien c'est elle qui m'a dit la veille : « Vous revenez demain? » et comment alors n'y pas aller? Ou bien encore, elle me charge de quelque chose, et je trouve tout naturel d'aller lui porter moi-même la réponse. Une autre fois, il fait si beau! Je vais à Wahlheim... Et quand je suis là, ce n'est plus qu'à une demi-heure! je suis trop dans son atmosphère pour ne pas être attiré... Bon, me voilà déjà arrivé! Ma grand'mère savait une histoire d'une montagne d'aimant; les bateaux qui s'en approchaient perdaient tout d'un coup leurs ferrures; les clous volaient à la montagne, et les pauvres matelots s'enfonçaient à travers les planches abîmées.

30 juillet.

Albert est revenu : je vais partir. Quand ce serait

le meilleur et le plus noble des hommes, à qui je me reconnaîtrais inférieur en tout, il me serait impossible de le voir devant moi, posséder tant de charmes. Posséder! assez, Wilhelm : le fiancé est là! un cher et brave homme pour lequel il faut avoir de bons sentiments. Par bonheur, je n'étais pas présent quand on l'a reçu ; cela m'aurait brisé le cœur. Cependant il est si convenable! Il n'a pas encore embrassé Charlotte une seule fois devant moi. Et, pour cela, que Dieu le bénisse! à cause de ce respect qu'il a pour la jeune fille, je veux l'aimer. Il me veut du bien, et je suis sûr que cela vient de Charlotte plutôt que de lui : c'est un point sur lequel les femmes sont habiles, et elles ont raison. Quand elles peuvent maintenir deux soupirants en bonne intelligence, pour elles c'est tout avantage ; mais c'est à quoi l'on ne réussit pas souvent.

Je ne puis pourtant pas avouer mes sentiments à Albert. Son extérieur calme contraste assez fortement avec l'inquiétude de mon caractère, qui ne se peut cacher. Il a beaucoup de sensibilité ; il sent combien Charlotte lui est chère. Il ne paraît pas être trop sujet à la mauvaise humeur, et tu sais que c'est le défaut que je hais dans un homme par-dessus tous les autres.

Il me regarde comme un garçon d'intelligence, et mon attachement pour Charlotte, ma chaude sympathie pour tout ce qui la touche, augmentent son triomphe. Je crois qu'il l'en aime mieux. S'il ne sent pas quelquefois une pointe d'inquiétude... eh bien, tant mieux pour lui! Je sais bien qu'à sa place ce démon-là ne me laisserait pas toujours tranquille.

Comme il voudra! mais la joie que je goûtais auprès de Charlotte n'est plus... Appellerai-je cela folie, aveuglement? qu'importe le nom?

Je savais tout ce que je sais avant qu'Albert ne vînt; je savais que je ne pouvais avoir aucune prétention sur elle, et je n'en avais pas... c'est-à-dire j'en avais aussi peu que l'on en puisse avoir devant cette charmante créature; et cependant le moutard fait de gros yeux, quand le fiancé arrive et lui enlève la fille!

Je grince les dents, et je raille amèrement quand je les entends dire que je dois me résigner et que, puisque c'est ainsi, cela ne peut pas être autrement. Ote-moi de là ces mannequins! Je cours dans les bois d'alentour, et puis, quand j'arrive et que je le trouve assis auprès d'elle dans le jardin, sous le berceau, et que je ne puis pas aller plus loin, je tombe dans toutes les folies du monde et je m'emporte en mille extravagances. « Pour l'amour de Dieu, m'a dit Charlotte aujourd'hui, plus de scènes comme celle d'hier soir; vous me faites peur quand vous êtes si gai. » Entre nous, j'épie le moment où je sais qu'il a quelque chose à faire... Bon! j'arrive aussitôt... je suis toujours heureux quand je la trouve seule.

8 août.

Je t'en prie, mon cher Wilhelm, ne prends pas pour toi ce que je disais en attaquant ces hommes insupportables qui exigent de nous la soumission au destin inévitable. Je ne pensais pas que tu pusses être aussi de ce parti-là. Au fond, tu as raison. Mais permets-moi une chose, mon bon. Dans ce monde, on a rarement affaire avec la conjonction *ou*. Les sentiments, les rapports, se croisent d'autant de façons diverses qu'il y a de différents degrés entre un nez aquilin et un nez camus ; tu ne prendras pas la chose en mauvaise part, si je rétorque tout ton argument, et si moi-même je me sauve à la faveur de la conjonction.

« *Ou*, dis-tu, tu as quelque espérance sur Charlotte, *ou* tu n'en as pas. Très-bien! Dans le premier cas, va ton chemin, et tâche d'embrasser l'objet de tes désirs ; dans le second, sois un homme, efforce-toi de te délivrer d'un sentiment malheureux et qui consume tes forces. » Cher, ceci est bien dit, et bientôt dit !

Que ne dis-tu aussi à l'infortuné dont la vie, chaque jour, lentement et sans espérance, se dessèche sous l'étreinte de la maladie, que ne lui dis-tu qu'il devrait mettre fin à ses tourments d'un bon coup de poignard ? Est-ce que le mal qui épuise ses forces ne lui enlève pas en même temps le courage de s'en délivrer ?

Sans doute, tu pourrais me répondre par une comparaison : « Est-ce qu'on ne se laisse pas couper le bras plutôt que de mettre sa vie en jeu par des hésitations et des retards ? » Je ne sais pas ! et puis, ne nous égarons point dans les comparaisons ! Assez ! Tiens, Wilhelm, j'ai parfois des moments de courage exalté et sauvage, et alors, si seulement je savais où... j'irais !

Le soir du même jour.

Mon journal, que j'ai négligé depuis quelque temps, me tombe aujourd'hui sous la main. Je suis étonné de voir comment, dans tout cela, j'ai marché pas à pas, et d'une façon si lucide... comment j'ai toujours vu si clairement ma position, tout en agissant comme un enfant... Si clairement!... et pourtant il n'y a pas la moindre trace d'amélioration.

10 août.

Je pourrais mener la meilleure et la plus heureuse vie du monde, si je n'étais pas un fou. Des circonstances comme celles-ci se réunissent bien rarement pour assurer la félicité d'un homme. Il est bien évident que c'est le cœur seul qui fait son bonheur; appartenir à la plus aimable famille, être aimé du père comme un fils, des enfants comme un père, et de Charlotte!... et cet excellent Albert, dont jamais un moment de mauvaise humeur ne vient gâter ma joie, qui m'entoure de l'amitié la plus sincère, pour qui je suis, après Charlotte, tout ce qu'il a de plus cher au monde! Wilhelm, c'est un plaisir de nous entendre, quand nous nous promenons ensemble, de nous entendre parler tous deux de Charlotte. Rien de plus ridicule au monde que notre position vis-à-vis l'un de l'autre, et pourtant les larmes me viennent souvent aux yeux !

Quand il m'entretient de cette digne mère de Charlotte ; quand il me raconte comment, sur son lit de mort, elle confia sa maison et ses enfants à sa fille aînée ; comment elle fiança Charlotte à lui ; comment, depuis ce temps, une autre âme a vécu en elle ; comment, attentive au ménage et tellement sérieuse, elle est devenue une vraie mère ; comment chacun de ses instants est voué à la tendresse la plus active, rempli par le travail, sans que pourtant ni sa gaieté ni son vif esprit l'aient jamais abandonnée ! je marche à côté de lui, je cueille des fleurs sur la route, j'en fais un bouquet avec grand soin... puis je les jette dans le torrent qui coule à nos pieds, et je les suis des yeux, et je les vois qui doucement s'en vont avec lui. Je ne sais si je t'ai écrit qu'Albert restait ici, qu'il a obtenu de la cour, où il est bien vu, un emploi et un bon revenu. Pour l'ordre et l'exactitude dans les affaires, je n'ai jamais vu son pareil !

Sans doute, Albert est le meilleur des hommes. Hier, j'ai eu avec lui une scène étrange. J'allai lui faire mes adieux ; l'envie m'avait pris de courir à cheval dans les montagnes. C'est de là que je t'écris maintenant. Comme j'allais et venais dans la chambre, mes yeux tombèrent sur ses pistolets. — Prête-moi tes pistolets pour le voyage.

— Volontiers, me répondit-il, seulement tu prendras la peine de les charger : ils ne sont ici que *pro forma*.

J'en pris un. Albert continua : « Depuis que ma précaution m'a joué un si mauvais tour, je ne veux plus avoir affaire avec les armes à feu. »

J'étais curieux de savoir l'histoire.

— J'étais allé, reprit-il, à la campagne, chez un ami, il y a quatre mois ; j'avais une paire de pistolets, non chargés... et je dormais tranquille. Un jour, par une après-midi pluvieuse, où je ne savais que faire, il me vint à l'esprit que nous pourrions bien être attaqués, que nous pourrions avoir besoin des pistolets, que nous pourrions... tu sais où l'on va de ce train-là. Je les donnai à un domestique pour les nettoyer et les charger ; lui menaça les servantes, voulut les effrayer, et, Dieu sait comment, le chien tomba! Le coup partit, atteignit une jeune fille, et lui brisa le pouce de la main droite. J'eus à supporter les lamentations de la victime et les frais de la cure. Depuis ce temps, je ne charge plus les pistolets. Cher, à quoi bon la précaution? Le danger ne se laisse pas prévoir; *cependant*...

Vois-tu Wilhelm, j'aime beaucoup Albert, mais je n'aime pas ses *cependant*. Cela ne va-t-il pas de soi, que toute règle générale a ses exceptions? Mais cet homme est si minutieux!... Quand il croit avoir dit quelque chose d'un peu vague, d'un peu général, et seulement à moitié vrai, il y revient, il modifie, limite, arrange, de telle sorte qu'à la fin il ne reste plus rien du tout. En cette circonstance, il s'enfonça donc dans son texte ; je ne l'écoutai plus, je tombai moi-même dans le vague du rêve, et, avec un geste égaré, je me posai le bout du canon sur le front, au-dessus de l'œil droit. « Fi donc ! » s'écria-t-il en détournant le pistolet. Qu'est-ce que cela veut dire ?

— Il n'est pas chargé !

— Qu'importe ? reprit-il encore avec une sorte d'impatience ; je ne comprends pas comment un homme est assez fou pour se tuer. Cette mauvaise pensée m'irrite !

— Vous autres hommes, repris-je à mon tour, quand vous parlez d'une chose, il faut tout de suite que vous disiez : « Ceci est fou, ceci est sage, ceci est bon, ceci est mauvais ! » Qu'est-ce que tout cela signifie ? Connaissez-vous le vrai des choses ? Savez-vous les motifs, les causes et les raisons ? Savez-vous pourquoi tel fait arrive, pourquoi il devait arriver ? Si vous le saviez, vous n'auriez point peut-être le jugement si prompt.

— Peut-être m'accorderas-tu, reprit Albert, que certaines actions sont mauvaises, quel que soit leur motif.

— Accordé ! répondis-je en haussant les épaules ; et cependant, mon cher, il y a des exceptions ! Ainsi le vol est un crime. Mais l'homme qui, pour se sauver de la faim, lui et ses enfants, de la faim qui les tue... oui, l'homme qui vole dans cette circonstance mérite-t-il la pitié ou la colère ? Qui donc lèvera la première pierre contre l'homme d'honneur qui, dans sa colère légitime, immole sa femme infidèle et son misérable séducteur ? contre la jeune fille qui, dans l'oubli d'une heure de délices, s'abandonne aux irrésistibles joies de l'amour ? Nos législateurs eux-mêmes, ces pédants au sang glacé, se laissent émouvoir et suspendent leurs coups.

— C'est tout autre chose ! reprit Albert ; car un homme que ses passions entraînent perd toute sa raison : il faut le regarder comme un homme qui rêve, comme un fou.

— O les plaisantes gens que vous faites ! dis-je en souriant. Passion, ivresse, folie ! Vous êtes si calmes, si paisibles, vous autres, hommes moraux ! Condamnez le buveur, méprisez l'insensé, passez votre chemin comme le prêtre, et remerciez Dieu, comme le pharisien, de n'avoir rien de commun avec ceux-là ! Pour moi, je me suis enivré plus d'une fois, mes passions n'ont pas été toujours bien éloignées de la folie, mais je ne le regrette pas ; car j'ai pu comprendre, dans la mesure de mon intelligence, qu'à tous les hommes extraordinaires qui ont fait quelque chose de grand à cause de cela même, on a de tout temps crié qu'ils étaient des ivrognes et des fous ! Même dans la vie commune, n'est-il pas insupportable, à moitié chemin d'une action noble, libre et inattendue, de s'entendre rappeler par derrière avec ces paroles : « Cet homme est fou ! cet homme est ivre ! » Honte à vous les sobres ! honte à vous les sages !

— Voilà encore tes excentricités, dit Albert ; tu exagères tout, et ici tu as moins raison que jamais. Maintenant, voilà que tu compares le suicide, notre point de départ, avec les grandes actions, tandis qu'il ne faut, au contraire, le regarder que comme une faiblesse. N'est-il pas plus facile de mourir que de supporter courageusement une vie douloureuse ?

J'étais sur le point de m'emporter ; car rien ne me met hors de moi comme de voir qu'on me répond par un argument trivial et vulgaire quand j'y vais de tout cœur. Cependant je me contins, car cette raison-là, je l'ai entendu donner plus d'une fois, et plus d'une fois aussi elle m'a suffisamment irrité. Je répondis avec quelque vivacité : « Tu appelles ceci faiblesse ! Je t'en prie, ne te laisse pas aveugler par des apparences. Un peuple qui souffre sous l'insupportable joug d'un tyran, oses-tu l'appeler faible, si enfin il s'irrite et brise ses chaînes? Ou bien encore : voilà un homme, le feu a pris à sa maison, et, sous la terreur, ses forces se décuplent, et il enlève avec légèreté des fardeaux que, de sang-froid, il pourrait à peine remuer... Cet autre, dans le ressentiment d'un affront, s'attaque à six hommes et les bat... est-ce lâche qu'il faut l'appeler? Eh bien, mon bon, si l'effort est de la force, pourquoi la suprême exaltation de l'effort sera-t-elle le contraire ?

Albert me regarda et dit : — Ne te fâche pas ! mais les exemples que tu donnes n'ont pas trait à la question.

— Cela se peut, répondis-je ; on a souvent reproché à ma logique de tomber dans le radotage. Voyons donc si nous pourrons, de quelque autre manière, nous figurer ce qui se passe dans l'âme d'un homme quand il se résout à quitter le fardeau de la vie, si agréable autrefois pour lui. Nous ne pouvons décemment nous permettre de parler d'une chose qu'autant que nous la connaissons. Je poursuivis : — La nature humaine a ses limites. Elle peut supporter la joie, la douleur, le chagrin, dans une certaine mesure. Si on dépasse, elle succombe. La question n'est plus ici de savoir si l'on est fort ou si l'on est faible, mais si l'on peut dépasser sa mesure de souffrance, que ce soit une souffrance physique ou morale ; et je trouve aussi étrange de dire qu'un homme est lâche parce qu'il s'ôte la vie qu'il serait absurde d'appeler lâche celui qui succomberait à une fièvre maligne.

— Paradoxe ! archiparadoxe ! s'écria Albert.

— Pas autant que tu le crois, Albert ! Tu m'accorderas bien que nous appelons maladie mortelle celle dans laquelle la nature est si violemment attaquée, que d'un côté ses forces sont anéanties et de l'autre ses ressorts sont tellement brisés, qu'aucune révolution heureuse ne peut plus désormais rétablir le cours ordinaire de la vie. Maintenant, mon ami, appliquons cela à l'âme. Considère l'homme dans ses étroites limites ; comme les impressions agissent sur lui, comme les idées le saisissent et l'enserrent, jusqu'à ce qu'enfin une passion toujours croissante lui ravisse et sa force et la paix... et le renverse ! C'est en vain que l'homme calme et raisonnable, qui voit comment se déroule tout ce malheur, tâche de l'arrêter... Est-ce que l'homme bien portant, qui se tient devant le lit d'un malade, peut lui infuser de ses forces ?

Pour Albert, ceci était trop général. Aussi je lui rappelai l'histoire d'une jeune fille qui s'était noyée et dont on avait dernièrement retrouvé le corps : une bonne créature, qui avait grandi dans le cercle étroit des occupations domestiques et dans les travaux habituels de chaque semaine ; n'ayant d'autre perspective de plaisir que celle de se promener le dimanche autour de la ville, avec ses compagnes, en beaux atours achetés pièce à pièce, ou parfois, dans les grandes fêtes, de danser un peu, et, le reste du temps, n'ayant d'autre aliment pour les aspirations sympathiques de son âme qu'une heure de commérage avec une voisine sur un cancan ou sur une rixe!

Un jour pourtant, sa nature de feu éprouva des désirs inquiets ; les flatteries des hommes les excitèrent encore ; puis il s'en rencontra un pour lequel elle éprouva un sentiment aussi nouveau qu'il était irrésistible ; elle jeta sur lui toutes ses espérances ; elle oublia le monde : elle ne vit plus, n'entendit plus que lui... lui seul, et n'eut plus de désirs qui ne fussent lui... lui seul ! Elle n'était pas corrompue par les légers plaisirs d'une vanité frivole : ses aspirations allaient droit au but. Elle voulut être à lui; elle voulut, dans un lien éternel, saisir le bonheur qui lui manquait, et goûter enfin toutes ces joies après lesquelles elle soupirait. D'ardentes protestations, qui donnaient comme un gage à ses espérances, de brûlantes caresses, qui allumaient encore ses ardeurs, s'emparèrent entièrement de son âme; la nuit se faisait dans son intelligence ; elle chancelait dans le pressentiment du bonheur. Le dernier pas fut franchi. Elle étendit ses bras comme pour étreindre ses désirs. Puis le bien-aimé l'abandonna. Elle ne comprend pas; elle regarde, étonnée, muette; devant elle, un abîme; autour d'elle, des ténèbres; pas d'avenir, pas de consolation, plus même de désir ! Il l'a délaissée, celui en qui elle sentait sa vie! Elle n'aperçut pas ce vaste monde étendu devant elle, ni cette foule toute prête à lui faire oublier ce qu'elle avait perdu. Elle se vit seule, abandonnée; et, aveugle, expirant dans l'angoisse poignante d'un cœur déshérité, elle se précipita, pour étouffer ses douleurs, dans une mort qui la saisit tout entière.

« Eh bien, Albert, ceci est l'histoire de beaucoup d'hommes; dis-moi, n'est-ce pas là un véritable cas de maladie? La nature ne trouve plus d'issue à ce labyrinthe de forces mêlées et confondues : il faut mourir ! Malheur à celui qui peut regarder froidement et dire : « L'insensée! si elle eût attendu, si elle eût laissé « faire le temps, le désespoir se serait enfui, et bien- « tôt elle eût trouvé la consolation avec un autre. » C'est absolument comme si on disait : « Le fou! il est « mort de la fièvre ! s'il eût attendu le retour de ses « forces, le tumulte de son sang se serait apaisé, tout « serait rentré dans l'ordre, et il vivrait encore aujour- « d'hui. »

Albert, à qui la comparaison ne semblait pas juste, fit diverses objections, et entre autres celle-ci : — Je n'avais parlé, disait-il, que d'une simple fille; mais comment un homme d'intelligence, qui n'est pas si borné, qui voit les choses sous leur jour vrai, pourrait-il en être réduit là et devenir incapable de se maîtriser ?

— Mon ami, répondis-je, l'homme est l'homme, et ce qu'on peut avoir d'intelligence a peu ou point d'importance, dans la crise, quand la passion fait rage et que les limites de l'humanité vous pressent de toutes parts. Bien plus... mais nous parlerons de cela une autre fois.

Je pris mon chapeau. J'avais le cœur si plein ! Nous

nous quittâmes sans nous être compris. Est-ce que jamais on se comprend dans ce monde?

15 août.

Il est évident qu'ici-bas nous ne pouvons nous rendre nécessaires aux autres que par l'amour. Je sens que Charlotte a du regret à me perdre. Quant aux petits, ils ne veulent qu'une chose : c'est que je revienne toujours le lendemain. Aujourd'hui j'y suis allé pour accorder le piano de Charlotte. Les enfants m'ont poursuivi pour avoir un conte. Charlotte elle-même a dit que je devais faire leur volonté. Je leur ai coupé les tartines du soir, qu'ils reçoivent de moi maintenant comme d'elle-même, et je leur ai conté un bout du conte de *la Princesse servie par des mains enchantées*. Je me suis aperçu, je te jure, et j'en ai été étonné, de l'impression que cela faisait sur eux. Je suis souvent réduit à trouver des incidents ; et quand, la seconde fois, je ne raconte pas comme la première, ils me disent fort bien que ce n'est pas comme cela. Je suis donc obligé de réciter sans aucune altération, laissant filer l'une après l'autre mes syllabes chantantes et monotones. Mais du moins j'ai appris là qu'un auteur qui apporte des changements à sa seconde édition, quand même ils seraient plus poétiques que le texte primitif, fait nécessairement tort à son ouvrage. La première impression nous saisit ; et l'homme est ainsi fait, qu'on peut lui conter les excentricités les plus folles, il les retient fortement; et malheur alors à celui qui veut les arracher ou les effacer de son cœur !

18 août.

Fallait-il donc que ce qui fait le bonheur de l'homme devînt la source de sa misère?

Ce sentiment de la vivante nature, si brûlant, si débordant de son cœur, qui m'inonde comme d'un torrent de délices, et qui, du monde autour de moi, fait comme un paradis, ce sentiment se change en une insupportable torture, et, pareil à un esprit de l'enfer, me poursuit sur tous les chemins. Quand, du haut de ces rochers, je contemple le ruisseau qui coule jusqu'au pied des collines dominant cette gracieuse vallée, et que je vois tout germer, tout jaillir ; ces montagnes, de la base au sommet, couvertes de grands arbres superbes; ces vallées dans leurs replis sans nombre, ombragées de bois charmants; le doux ruisseau qui brille entre les joncs murmurants, réfléchissant, comme un miroir, les petits nuages que le vent léger du soir berce dans le ciel en les amenant vers moi; quand j'entends le chant des oiseaux qui animent les bois et ces bourdonnements d'insectes dont, par milliers, les essaims dansent joyeusement dans les rayons de pourpre du couchant; quand le dernier rayon du soleil délivre et fait sortir de l'herbe le hanneton qui bourdonne; quand ce fourmillement et ce murmure ramènent mon attention sur la terre, où la mousse arrache sa nourriture au rocher aride, sur le genêt qui pousse dans le sable sec du coteau, je vois la vie de la nature intime, ardente et sainte, se développer devant moi. Je l'embrasse tout entière dans mon cœur enflammé, et, dans cette plénitude surabondante de sentiments, je suis comme déifié moi-même; les formes splendides de la création infinie s'agitent, vivantes, dans mon âme ; des montagnes immenses m'environnent ; les abîmes béants s'ouvrent devant mes pas; les ruisseaux gonflés par l'orage s'y précipitent ; les torrents mugissent dans mon sein; les bois et les montagnes résonnent, et dans les entrailles de la terre profonde je vois passer, se mêler et produire, les forces mystérieuses du monde ; et sur la terre et sous le ciel fourmillent les innombrables tribus des êtres, incessamment variées et nouvelles dans leurs espèces... Et les hommes se rassemblent dans leurs étroites maisons ! ils s'y vantent de leur sécurité ! ils s'imaginent, dans leur âme, régner seuls sur le vaste univers ! Pauvre fou ! qui croit que rien n'est grand, parce que lui-même est petit ! Depuis ces montagnes inaccessibles, qui dominent la solitude des déserts et qu'aucun pied n'a souillées, jusqu'au rivage des océans inconnus, l'esprit de celui qui crée toujours se repose sur tout, et se réjouit d'un grain de poussière qui le reçoit et vit par lui. Oh ! combien de fois alors n'ai-je pas désiré les ailes de la grue qui passait au-dessus de moi pour atteindre les bords de ces mers incommensurables, boire enfin, à la coupe écumante de l'infini, ces délices de la vie qui vous gonflent le sein, et, ne fût-ce qu'un seul instant, verser dans ma poitrine étroite une goutte de la félicité suprême de l'être qui produit tout en soi et par soi!

Frère, le seul souvenir de ces heures-là me fait du bien. L'effort seul que je fais pour rappeler ces sentiments et pour les exprimer m'élève au-dessus de moi-même; mais aussi me rend-il plus douloureuse encore l'angoisse qui m'opprime!

Un rideau s'est tiré devant mes yeux, et la scène de la vie infinie se déroule devant moi, dans l'abîme éternellement ouvert du tombeau. Peux-tu vraiment dire : « Cela est! » quand tout passe? Oui, tout roule avec la rapidité de l'éclair. Est-ce que l'on voit jamais durer toutes les forces de son être? On est saisi par le torrent, abîmé dans les flots, et enfin brisé contre le rocher. Il n'y a pas un instant qui ne soit ta ruine, à toi ou aux tiens autour de toi ; pas un instant où toi-même tu ne sois un destructeur, fatalement. La plus innocente promenade coûte la vie à des milliers de pauvres misérables vers ; chacun de nos pas écrase les pénibles constructions des fourmis, et enfonce un petit monde dans un étroit tombeau.

Ah! pour moi, ce qui m'émeut, ce ne sont pas les grandes mais rares catastrophes du monde, les inondations, les tremblements de terre engloutissant nos villes ; ce qui désole mon cœur, c'est bien plutôt cette sorte de destruction continue dans toute la nature : elle n'a rien créé qui ne détruise son voisin ou ne se détruise soi-même. Ainsi, chancelant, éperdu au milieu de ces forces oscillantes de la terre et du ciel, je m'avance, ne voyant plus rien qu'un monstre qui dévore et rumine éternellement.

21 août.

En vain j'étends mes bras vers elle, le matin, quand je sors de mes rêves pénibles ; en vain, la nuit, je la cherche auprès de moi, quand un rêve heureux, innocent, m'a fait croire que j'étais à ses côtés dans la prairie, que je tenais sa main et que je la couvrais de mille baisers. Alors, à demi vacillant dans le sommeil, je veux courir à elle et je m'éveille, et des torrents de larmes s'échappent de mon cœur oppressé : et inconsolable devant mon avenir solitaire, je pleure.

22 août.

Quel malheur, Wilhelm ! mes forces actives se consument dans une oisiveté inquiète. Je ne puis rester inoccupé, et je ne sens plus la nature ; les livres me répugnent. Quand nous nous manquons à nous-mêmes, tout nous manque. Je te le jure, j'ai désiré plus d'une fois être un ouvrier à la journée, pour avoir, le matin, en m'éveillant, toutes mes heures réglées d'avance, avec leurs obligations et leurs espérances. Souvent j'envie Albert, quand je le vois plongé dans les parchemins jusqu'aux oreilles ; je m'imagine que je serais heureux à sa place. D'autres fois, je suis sur le point de t'écrire, ainsi qu'au ministre, afin d'obtenir ce poste à l'ambassade, qui ne me serait pas refusé, à ce que tu m'assures. Je pense comme toi là-dessus. Le ministre m'aime depuis longtemps : il m'a souvent conseillé d'entrer dans les affaires. Il y a des moments où je suis décidé; puis, quand j'y réfléchis et que je me rappelle la fable du cheval, qui, fatigué de la liberté, se laisse mettre une selle et un mors, et qu'on pousse dans la course folle jusqu'à l'épuisement de sa vie, je ne sais plus que résoudre. Ah! mon ami, peut-être ce désir du changement n'est-il autre chose qu'une impuissance secrète et fatigante, qui me suivra désormais partout.

28 août.

Je l'avoue, si mon mal pouvait guérir, ces gens-là le guériraient. C'est aujourd'hui mon jour de naissance. Dès le matin, j'ai reçu un petit paquet d'Albert : je l'ouvre; ce qui me tombe sous les yeux tout d'abord, ce sont les nœuds rouge pâle que Charlotte portait la première fois que je la vis, et que je lui avais déjà demandés plusieurs fois; puis deux in-12; le petit Homère de West, une édition que je désirais depuis longtemps, pour ne pas traîner avec moi celle d'Ernesti à la promenade. Regarde! voilà pourtant comme ils viennent d'eux-mêmes au-devant de mes désirs! ils saisissent les occasions de toutes ces petites prévenances de l'amitié, mille fois plus précieuses que les présents superbes par lesquels la vanité du donateur cherche toujours à nous humilier. Je baisai mille fois ces rubans, et à chaque battement de cœur, je savourais encore le souvenir de la fidélité dont ces jours si peu nombreux et si rapides, ces jours qui ne reviendront pas, avaient été remplis pour moi. Wilhelm, cela est ainsi : je ne murmure pas. Les fleurs de la vie ne font que paraître. Combien ont passé sans même laisser une trace après elles! combien peu se sont changées en fruits! et parmi ces fruits, combien donc ont mûri? Et cependant, n'y en a-t-il point assez? et cependant... ô mon frère! ces fruits qui ont mûri, avons-nous le droit de les dédaigner et de les laisser se corrompre sans en avoir joui?

Adieu. Voici un magnifique été. Je m'établis souvent dans le jardin, sur les arbres de Charlotte, la longue gaule à la main ; j'atteins les poires à la cime de l'arbre. Elle se tient dessous, et les reçoit quand je les fais tomber.

30 août.

Malheureux! n'es-tu pas fou? ne t'égares-tu point toi-même? Où te conduira cette passion insensée et sans issue? Je ne puis plus voir qu'elle ; mon imagination ne me montre plus d'autre forme que la sienne, et, dans ce monde qui m'entoure, je ne vois plus que ce qui a rapport à elle. Et tout cela pourtant me donne des heures enchantées... jusqu'au moment où il faut que je m'éloigne. O Wilhelm, jusqu'où va l'angoisse de mon cœur? Quand je suis assis auprès d'elle pendant deux ou trois heures, et que je me suis enivré de sa beauté, de sa grâce et de l'expression céleste de sa parole, peu à peu tous mes sens s'exaltent : j'ai un voile devant les yeux, j'entends à peine ; il me semble qu'un assassin me saisit à la gorge ; que mon cœur, dans ses battements désordonnés, cherche de l'air, de l'air ! et que mon trouble augmente encore. Wilhelm ! souvent je ne sais plus si je suis de ce monde. Et si parfois la douleur ne prend pas le dessus, si Charlotte me refuse la misérable consolation de pleurer mes chagrins sur ses mains, il faut que je sorte, il faut que je sois dehors... Alors j'erre dans les champs alentour. Ma joie, dans ces moments-là, c'est de gravir une colline ardue, de frayer mon chemin à travers une forêt sans issue, à travers les haies qui me harcèlent, à travers les ronces qui me déchirent. Cela me fait un peu de bien... un peu ! Puis, parfois, quand je m'arrête, épuisé par la fatigue ou la soif ; quand parfois, dans la nuit profonde, la lune laisse tomber sur moi ses rayons au milieu de la forêt solitaire, je m'assieds sur le tronc d'un arbre qui croît en rampant, pour donner quelque soulagement à mes talons blessés : et là, dans un repos énervant, je sommeille jusqu'à l'aube. O Wilhelm ! la solitude étroite d'une cellule, le cilice de crin, les lanières de la discipline... voilà les consolations après lesquelles mon cœur languit. Adieu. Je ne vois à ce malheur d'autre fin que le tombeau.

3 septembre.

Il faut que je parte. Je te remercie, Wilhelm,

d'avoir affermi ma résolution chancelante. Dans quinze jours je vais rejoindre l'ambassadeur, et la quitter. Il faut que je parte. Elle est à la ville, chez une amie, et Albert... Je te dis qu'il faut que je parte !

10 septembre.

Quelle nuit, Wilhelm ! Maintenant je puis tout supporter ! Je ne la verrai plus ! Que ne puis-je me jeter à ton cou, et, avec des larmes et des transports, t'exprimer les émotions dont la tempête soulève mon cœur ? Tantôt je m'assieds ; tantôt je me lève, haletant après un peu d'air... Je cherche à me calmer. J'attends le matin... Au premier rayon, les chevaux seront prêts.

Et *elle !* elle dort paisiblement, sans penser que je ne la verrai plus. Je me suis arraché d'elle ; j'ai été assez fort pour ne pas trahir ma résolution, pendant un entretien de deux heures... Et quel entretien, mon Dieu !

Albert m'avait promis de se trouver dans le jardin avec Charlotte après souper. J'attendais au bout de la terrasse, sous les grands châtaigniers, et je regardais le soleil, que, pour la dernière fois, mes yeux voyaient descendre derrière cette aimable vallée et ce doux ruisseau. Que de fois m'étais-je arrêté là, pour contempler ce majestueux spectacle ! Et maintenant !...
Je me promenai dans l'allée qui me fut si chère ; un charme sympathique et puissant m'avait souvent retenu

à cette place, avant même que je connusse Charlotte ; et dans les premiers temps, elle et moi nous étions heureux de découvrir l'un chez l'autre l'attrait qu'avait pour nous ce site enchanteur. Je ne connais vraiment pas une création de l'art qui soit plus romantique.

D'abord, entre les châtaigniers, c'est une perspective infinie. Je crois me rappeler t'avoir déjà dit que des rangées de grands hêtres forment, à travers le bosquet voisin, une allée de plus en plus sombre, jusqu'à ce qu'elle aboutisse à une petite enceinte entièrement close, autour de laquelle courent les frissons de la solitude. Il me semble éprouver encore la même émotion intime qu'au jour où, pour la première fois, j'arrivai là par un beau midi ; j'avais comme un pressentiment vague que ce serait pour moi le théâtre de tant de félicités et de tant de douleurs !

J'avais attendu une demi-heure peut-être, dans la douce langueur où nous jette la pensée de la séparation et du revoir, quand j'entendis monter Charlotte. Je courus au-devant d'elle, et, avec un frémissement, je saisis sa main et je la baisai. Déjà nous étions sur la terrasse, quand la lune dépassa la cime boisée de la colline. Nous parlions de choses indifférentes, et, sans y prendre garde, nous atteignîmes le berceau obscur.

Charlotte entra et s'assit. Albert se mit auprès d'elle ainsi que moi. Mon inquiétude ne me permit pas de rester longtemps assis. Je me levai, je fis quelques pas, allant et venant, puis je revins m'asseoir. Oh ! j'avais l'âme troublée ! Charlotte nous fit remarquer les beaux effets de la lune qui, au bout de l'allée des hêtres, éclairait toute la terrasse devant nous, tandis que l'ombre nous enveloppait. Nous nous taisions ; mais elle, au bout de quelque temps : — Jamais, dit-elle, je ne me promène au clair de lune sans que le souvenir de mes chers défunts ne revienne à ma pensée, et alors le sentiment de la mort et de la vie future me saisit. *Nous serons!* poursuivit-elle avec une voix où vibrait l'émotion profonde, *nous serons!* Mais, Werther, nous retrouverons-nous? nous reconnaîtrons-nous? Quels sont vos pressentiments? que dites-vous?

— Charlotte, répondis-je en lui tendant la main pendant que mes yeux s'emplissaient de larmes, nous nous reverrons! Ici et là-haut, nous nous reverrons!

Je ne pouvais plus parler. Wilhelm! devait-elle me faire cette question quand j'avais dans le cœur toutes les angoisses de l'adieu? « Nos morts bien-aimés nous voient-ils? poursuivit Charlotte, sentent-ils le bonheur que nous avons à nous souvenir d'eux, et avec quel ardent amour? Oh! toujours l'ombre de ma mère voltige autour de moi, quand, vers le soir paisible, je suis assise au milieu de ses enfants... mes enfants aussi!... rassemblés autour de moi comme ils se rassemblaient autour d'elle. Alors je regarde le ciel avec des pleurs de désir, je voudrais que de là-haut elle pût, rien qu'un instant, voir comment je tiens la parole donnée à son lit de mort, d'être la mère de ses enfants. Oh! comme je lui dis bien alors: « Par-« donne-moi, chère, si je ne suis pas ce que toi-même

« étais pour eux. Ah ! tout ce que je puis, je le fais :
« ils vont vêtus, ils sont nourris et, ce qui est plus,
« ils sont choyés, ils sont aimés ! Si tu nous voyais
« ensemble, douce bienheureuse, tu adorerais avec
« la plus profonde reconnaissance Dieu, qui t'accorde
« ce que tu lui demandais, dans l'amertume de tes
« dernières larmes, pour le bonheur de tes en-
« fants. »

Ainsi parlait-elle, ô Wilhelm ; mais qui pourrait redire comme elle disait ? Est-ce une lettre froide et morte qui pourrait peindre cette fleur céleste de l'âme ? Albert intervint doucement : « Cela vous fait trop de mal, Charlotte. Je sais que votre âme est toujours suspendue à cette pensée ; mais, je vous en prie... »

— O Albert, dit-elle, je sais que tu n'oublies pas ces soirées-là. Nous étions assis ensemble autour de la petite table ronde ; papa était absent, et nous envoyions coucher les petits. Tu avais souvent un bon livre, et cependant tu réussissais bien rarement à lire quelque chose. L'entretien de cette âme divine n'était-il pas plus que tout ? O la charmante et chère âme ! toujours active et toujours gaie. Dieu sait avec quelles larmes je m'agenouille dans mon lit pour lui dire : « Fais-moi semblable à elle ! »

— Charlotte, dis-je à mon tour en m'agenouillant moi-même devant elle et en prenant sa main que j'arrosai de mes larmes, Charlotte, la bénédiction du Seigneur repose sur toi, ainsi que l'esprit de ta mère.

— Si vous l'aviez connue ! dit-elle en me serrant la main : elle était digne d'être connue de vous.

Je crus que j'allais chanceler : jamais plus grande et plus fière parole n'avait été dite sur moi. Charlotte continua : « Et une telle femme devait mourir à la fleur de ses jours, quand son dernier fils n'avait pas encore six mois ! Sa maladie ne fut pas longue. Elle était paisible, résignée ; elle ne s'affligeait que pour ses enfants, surtout pour le petit. Comme elle approchait de sa fin, elle me dit : « Fais-les venir ici. » Je les amenai, et tous, les petits qui ne comprenaient pas, les grands hors d'eux-mêmes, ils se tenaient autour du lit. Elle éleva les mains et pria sur eux, puis elle les embrassa l'un après l'autre, puis elle les renvoya et me dit encore : « Sois leur mère ! » Je le promis. « Tu t'engages beaucoup, ma fille, me dit-elle alors, « le cœur d'une mère et l'œil d'une mère ! Mais sou- « vent, à tes larmes reconnaissantes, j'ai vu que tu « sentais ce que c'était. Sois donc une mère pour tes « frères et sœurs, et pour ton père une femme fidèle « et soigneuse. Tu le consoleras. » Elle le fit demander. Il était sorti pour nous cacher l'amère douleur qu'il éprouvait : l'homme en lui était brisé. Albert, tu étais dans la chambre. Elle entendit marcher, elle demanda qui c'était. Elle te fit venir près d'elle, et son regard plus calme se consola en prévoyant que nous serions heureux ensemble.

— Et nous le sommes, Charlotte, nous le sommes ! dit Albert en la prenant doucement par le cou.

Il l'embrassa. Le paisible Albert était hors de lui. Pour moi, je ne voyais plus rien.

— Werther, reprit Charlotte, une telle femme devait mourir ! O Dieu ! et quand je pense comme on laisse enlever le plus cher de sa vie!... et personne ne sent cela plus vivement que les enfants, qui, longtemps après, se plaignaient encore que les hommes noirs eussent emporté maman!

Charlotte se leva. Il me sembla que je me réveillais; il me passa un frisson. Je restai assis et je lui pris la main. « Il faut nous en aller, dit-elle; il est temps. » Elle voulut retirer sa main, je la retins plus fort. « Nous nous reverrons, lui dis-je, nous nous retrouverons, et, au milieu de tous les autres, nous nous reconnaîtrons. Je m'en vais, continuai-je, je veux bien m'en aller, et pourtant s'il fallait ajouter : Pour toujours..., je ne pourrais pas. Adieu, Charlotte! Adieu, Albert! nous nous reverrons...

— Demain, je pense, répondit-elle en souriant... demain!

Je sentis ce mot-là... Oh! si elle eût su en retirant sa main de la mienne... Elle remonta l'allée. Je restai à la même place, la regardant s'éloigner sous le rayon de la lune... Alors je me jetai à genoux et je pleurai. Je me relevai d'un bond, je courus sur la terrasse et je vis encore, dans l'ombre des grands tilleuls, près de la porte du jardin, sa robe blanche briller. J'étendis les bras. Tout disparut.

DEUXIÈME PARTIE

---

20 octobre 1771.

Nous sommes arrivés ici hier. L'ambassadeur est absent ; il ne reviendra que dans quelques jours. S'il n'était pas si difficile, tout irait bien. Ah! je vois que le destin m'a ménagé de rudes épreuves. Bon courage, pourtant! un esprit léger supporte tout! Un esprit léger! Ce mot-là me fait rire quand il tombe de ma plume. Un peu plus de sang léger m'aurait cependant rendu le plus heureux des hommes. Quoi! là où d'autres, avec moins de force et de talent, se pavanent devant moi dans leur présomptueuse suffisance, moi je doute de mon talent, je doute de ma force... O Dieu! qui m'as donné tout cela, reprends-moi la moitié de tes dons, et accorde-moi en échange la confiance en moi et le contentement de moi-même.

Patience! patience! tout ira bien. Oui, mon cher, tu as raison : depuis que je me mêle ainsi chaque jour au monde, que je vois ce que sont les autres, et comment tout cela marche, je me trouve mieux avec moi-même. Sans doute, puisque nous sommes ainsi faits que nous comparons les autres avec nous et nous avec les autres, le bonheur et le malheur se trouvent dans l'objet même de la comparaison; de sorte qu'il n'y a rien de plus dangereux que la solitude. Notre imagination, qui s'exalte naturellement, nourrie encore des créations fantastiques de la poésie, se forge tout une série d'êtres, dans laquelle nous occupons le dernier rang; tout, excepté nous, y brille superbement. Cela est naturel. Nous sentons très-bien que beaucoup de choses nous manquent; et ce qui nous manque, il nous semble qu'un autre le possède, et à cet autre nous lui donnons volontiers, et par surcroît, tout ce que nous possédons nous-mêmes, en y ajoutant encore toutes sortes de félicités idéales; et cet être à qui nous envions sa part de bonheur n'est autre chose que notre propre création.

Aussi, quand, malgré notre faiblesse et notre impuissance, nous marchons cependant de notre mieux, il arrive souvent que, tout en avançant doucement et en louvoyant, nous allons plus loin que les autres, voiles gonflées et cordages tendus, et ceci est encore un sentiment vrai de soi-même, de marcher de pair avec les autres ou de les dépasser.

26 novembre.

Je commence à ne pas me trouver trop mal ici. Le meilleur de l'affaire, c'est que l'ouvrage ne manque pas. Tous ces hommes différents, toutes ces nouvelles figures, c'est pour moi comme une comédie variée qui se joue devant mon âme. J'ai fait la connaissance du comte de C... C'est un homme que j'honore chaque jour davantage : large intelligence et tête puissante, et qui n'est pas froidement dédaigneux, bien qu'il voie de haut. Il s'échappe de son entretien comme de chaudes lueurs d'amitié et d'amour. Il s'est intéressé à moi depuis le jour où je lui ai rendu compte d'une affaire : il s'aperçut, dès le premier mot, que nous nous entendions et qu'il pouvait causer avec moi comme il ne cause avec personne. Je ne puis assez louer ses façons ouvertes vis-à-vis de moi. Il n'y a pas dans ce monde une joie plus vraie ni plus ardente que de voir une grande intelligence qui s'ouvre à vous.

24 décembre.

L'ambassadeur me donne beaucoup d'ennui : je l'avais prévu. C'est le sot le plus minutieux que j'aie jamais rencontré; il marche pas à pas, cauteleux comme une vieille fille; c'est un homme qui n'est jamais content de lui, et qui par conséquent n'est jamais content de personne. J'aime à travailler assez légèrement ; cela reste comme cela se trouve. Mais lui, il est capable de me rendre mon ouvrage en me disant : « C'est bien ! mais revoyez ; on arrive toujours à un mot meilleur, à une expression plus juste. » Dans ces moments-là je me donnerais au diable. Pas une syllabe, pas une conjonction qu'il ne faille changer ; c'est l'ennemi juré des inversions qui se présentent si souvent à moi. Quand on n'a pas rhythmé sa phrase sur la mélodie banale, il n'y comprend plus rien. C'est un vrai supplice d'avoir affaire à un pareil homme.

La confiance du comte de C... est la seule chose qui me console. Il me disait dernièrement avec franchise combien lui déplaisaient cette lenteur et cette minutie de mon ambassadeur. « On se rend ainsi, disait-il, insupportable à soi et aux autres. » Cependant il faut se résigner, comme le voyageur obligé de gravir une montagne ; sans doute, si la montagne n'était pas là, la route serait plus facile et plus courte ; mais elle y est, et il faut la franchir.

Mon vieux flaire bien la préférence que le comte me donne sur lui ; cela le vexe, et il saisit toutes les occasions de mal parler du comte devant moi. Naturellement je réplique, et les choses s'empirent. Hier il me mit hors des gonds en me disant : « Le comte est assez versé dans les affaires ; il a le travail facile, et puis il écrit assez bien ; mais, quand à ce qui est des connaissances solides, il lui manque beaucoup de choses, comme à tous ces amateurs de belles-lettres ! » Là-dessus il fit une mine qui voulait dire : « Sens-tu la pointe? » Mais cela ne fit pas d'effet. Je méprisai l'homme capable de parler et d'agir ainsi. J'osai lui tenir tête, et je répondis avec assez de véhémence. Je dis que le comte était un homme que chacun devait respecter, à cause de son caractère aussi bien que de ses connaissances. J'ajoutai que je n'avais jamais connu personne qui fût doué à ce point du pouvoir d'élargir son esprit et de l'étendre sur une telle multitude de sujets, tout en conservant la même activité pour les choses de la vie ordinaire. C'était de l'hébreu pour cette cervelle dure. Je m'en allai, pour ne pas m'échauffer la bile à réfuter ses déraisonnements.

La faute est à vous tous! C'est vous qui m'avez jeté sous le joug, en m'étourdissant de votre mot d'activité! Activité! Si celui qui récolte des pommes de terre et qui va à la ville pour les vendre ne fait pas plus de besogne que moi, je veux rester deux ans à ramer sur cette galère où je me consume.

Et l'éclatant malheur, et le souci rongeur de ces gens imbéciles qui sont là, se surveillant les uns et les autres! L'ambition qui les dévore, de grandir, de se devancer, de gagner les uns sur les autres... un pas! Misérables passions, passions pitoyables, qui n'ont pas même la pudeur de prendre un masque.

Voilà une femme, par exemple, qui parle à chacun de sa noblesse et de ses terres. Un étranger va se dire : « C'est une folle qui se crée des chimères à propos de ses quelques quartiers de noblesse ou de la gloire de ses terres. » C'est bien pis! Cette femme est la fille d'un greffier du voisinage. En vérité, je ne puis pas comprendre que l'humanité soit assez stupide pour se prostituer si platement.

Mais je remarque chaque jour, mon ami, que c'est une véritable folie de prétendre diriger les autres. Ah ! puisque j'ai tant à faire avec moi-même, et qu'il y a tant d'orages dans ce cœur, que les autres suivent leur chemin, et qu'ils me laissent aller tranquillement mon pas !

Ce qui m'est à charge plus encore que tout le reste, c'est l'ennui des distinctions sociales. Je sais aussi bien qu'un autre que la différence des rangs est une nécessité, et j'y trouve moi-même mon profit. Je voudrais seulement qu'elle ne fût pas là pour m'arrêter sur ma route quand je rencontre un peu de joie, et que je crois saisir une chimère de bonheur ! J'ai dernièrement fait connaissance, à la promenade, d'une demoiselle de B..., une très-aimable créature, qui a conservé beaucoup de naturel au milieu de ces habitudes de vie roide et guindée. En causant nous nous sommes plu. Quand je la quittai, je lui demandai la permission de la revoir chez elle. Elle me l'accorda avec tant de grâce, que j'attendis impatiemment qu'il me fût possible d'y aller. Elle n'est pas d'ici ; elle habite chez une tante. La physionomie de la tante ne me revint pas. J'eus beaucoup d'attention pour elle. Je lui adressai presque toujours la parole, et en moins d'une demi-heure j'étais certain de ce que la jeune fille m'avoua depuis : que l'aimable tante manque à peu près de tout, qu'elle n'a ni esprit ni fortune établie, que toutes ses ressources consistent dans le nom de ses aïeux, qu'elle n'a d'autre abri que le rang derrière lequel elle se retranche fièrement, et d'autre plaisir que de regarder dédaigneusement, de son premier étage, les bourgeois qui passent. Dans sa jeunesse elle avait dû être belle, et perdre son temps en frivolités : sa coquetterie avait fait le tourment de quelques malheureux jeunes gens; puis, dans les années de la maturité, elle s'était rangée sous l'obéissance d'un vieil officier, qui, pour prix d'un misérable entretien, avait consenti à passer avec elle l'âge d'airain. Il était mort. C'était maintenant l'âge de fer. Elle se voit seule, et tout le monde l'abandonnerait si sa nièce n'était pas si aimable.

8 janvier 1772.

Qu'est-ce donc que ces hommes dont l'âme tout entière repose sur une étiquette vaine; dont la pensée et le travail, pendant des années, n'ont d'autre but que d'avancer péniblement d'un siége autour d'une table? Ce n'est pas qu'ils manquent de besognes, au contraire ! Mes ces mesquines préoccupations les détournent du soin des affaires sérieuses. Il y a quelques jours nous eûmes ici une partie de traîneaux. Ils nous ont gâté tout notre plaisir ! Les fous ! qui ne voient pas que la place ne signifie rien, et que ce n'est presque jamais celui qui occupe la première qui joue le premier rôle. Combien de rois sont conduits par leurs ministres, qui lui-même est conduit par son secrétaire ! Le premier, quel est-il donc? A mon avis, c'est celui qui domine les autres, et qui a la puissance ou l'adresse d'atteler leurs forces à sa volonté.

20 janvier.

Il faut que je vous écrive d'ici, ma chère Charlotte, dans la chambre d'une misérable auberge de campagne, où je me suis réfugié pendant un violent orage. Tant que j'ai rôdé autour de ce misérable gîte de D..., parmi des étrangers, oh! bien étrangers à mon cœur, allez! je n'ai pas eu un instant, pas un seul, où j'eusse éprouvé une véritable joie à vous écrire. Mais maintenant, dans cette chaumière, dans cette solitude, dans cette pauvreté, quand la neige et la grêle font rage contre mes fenêtres ; ici, vous êtes ma première pensée. Dès que j'y suis entré, votre image m'y est apparue, votre souvenir, ô Charlotte, si brûlant et si saint! Mon Dieu! c'est le premier moment de bonheur qui me soit revenu.

Si vous me voyiez, chère, au milieu de ce tourbillon de dissipation! comme je me dessèche! Plus un instant de ces émotions du cœur qui déborde, plus une heure bénie, rien ! rien ! Je suis là comme devant une montre de curiosités, je vois ces petits hommes et ces petits chevaux qui tournent autour de moi. Je me demande si tout cela n'est point une illusion d'optique; je joue mon rôle avec des marionnettes, ou plutôt c'est de moi qu'on se joue! Quelquefois je prends mon voisin par sa main de bois, et tout à coup je recule en frissonnant. Le soir, je me propose de jouir le lendemain d'un lever de soleil, puis j'oublie de me lever; tantôt, au contraire, je me promets pendant toute la journée de voir le clair de la lune ; la nuit vient : je reste dans ma chambre.

Ce levain qui faisait fermenter ma vie, je ne l'ai plus. Il n'est plus, le charme qui me tenait éveillé dans la nuit profonde, ou qui, le matin, me rappelait du sommeil : il n'est plus !

Je n'ai trouvé ici qu'une femme qui mérite ce nom, une seule, une demoiselle de B...; elle vous ressemble, ma chère Charlotte, si quelqu'un peut vous ressembler. Ah ! direz-vous, voilà un garçon qui se lance dans des flatteries banales; c'est un peu vrai ! Depuis quelques temps je suis très-galant, parce que je ne puis faire autre chose. J'ai bien de l'esprit ! et les femmes disent qu'elles ne connaissent personne qui s'entende mieux à louer (et à mentir, direz-vous, car l'un ne va pas sans l'autre, n'est-ce pas?). Ah ! je voulais parler de mademoiselle de B... Elle a beaucoup d'âme, et cette âme brille dans ses yeux bleus. Sa condition lui est à charge et ne remplit aucun des désirs de son cœur. Elle voudrait être hors de ce tumulte, et notre fantaisie, à défaut de la réalité, s'est créé plus d'une heure charmante, tout égayée de scènes champêtres et pleine de joies innocentes. Ah ! Charlotte, pleine de vous ! souvent elle est obligée de vous rendre hommage ! Obligée ? non ! elle le fait très-volontiers d'une façon aimable. Elle aime à entendre parler de vous, elle vous aime !

Oh ! dans cette pauvre chambre si doucement tranquille, que ne suis-je assis à vos pieds, nos petits chéris dansant tous ensemble autour de nous ! Quand ils feraient trop de bruit pour vous, avec un conte bien effrayant je les rassemblerais tous auprès de moi, paisibles.

Mais le soleil descend majestueusement sous la terre resplendissante de neige. L'orage est passé, et moi, il faut que j'aille me renfermer dans ma cage. Adieu. Albert est-il près de vous? et comment? — Dieu me pardonne cette question !

8 février.

Nous avons depuis huit jours un abominable temps, et cela me fait du bien ! Depuis que je suis ici, je n'ai pas vu briller un seul beau jour au ciel, sans que quelqu'un me l'ait gâté ou perdu. Mais quand il pleut, qu'il neige à gros flocons, qu'il gèle ou qu'il dégèle : « Ah ! me dis-je alors, il ne peut pas faire plus mauvais à la maison que dehors, ni dehors qu'à la maison : c'est bien ! » Mais quand, au matin, le soleil qui se lève promet un beau jour, je ne manque jamais de m'écrier : « Voilà encore une faveur du ciel qu'ils vont s'enlever les uns aux autres. » Y a-t-il donc une chose qu'ils ne s'enlèvent pas ainsi à eux-mêmes ? Santé, bonne renommée, paix et repos ! La plupart du temps, par imbécillité, inintelligence ou étroitesse d'esprit, mais, à les entendre, toujours avec les meilleures intentions du monde. Ah ! c'est à se mettre à genoux devant eux pour les prier de ne pas déchirer leurs entrailles avec cette rage furieuse !

12 février.

Je crains que nous ne puissions pas rester longtemps ensemble, mon ambassadeur et moi. Cet homme est vraiment insupportable. Sa manière de travailler et de traiter les affaires est si ridicule, que parfois je suis tenté de lui résister, et d'en faire à ma tête et à ma manière à moi, qui, bien entendu, n'est pas du tout la sienne ; aussi, tout dernièrement, s'est-il plaint de moi à la cour, et le ministre m'a donné un avertissement doux, mais qui n'en était pas moins un avertissement. J'étais sur le point de demander mon congé, quand j'ai reçu de lui une lettre particulière[1], une lettre devant laquelle je me suis agenouillé, en adorant cette grande, cette sage, cette noble intelligence. Comme il ramène aux justes limites mon imagination qui s'emporte ; comme il sait respecter mes idées trop exaltées d'activité, d'influence sur les autres, de trop vive décision dans les affaires, nobles excès de la jeunesse ! il ne veut pas les condamner, il veut seulement les modérer et les diriger là où ils

---

[1] On a pensé, par égard pour ces grands personnages, devoir supprimer du recueil cette lettre, et une autre mentionnée plus bas. On n'a pas cru que les remercîments du public pussent suffire à faire excuser la liberté que prend Werther.

pourront trouver leur emploi et produire leur effet. J'ai été fortifié et ferme pendant huit jours. C'est une grande chose que la paix de l'âme et le contentement de soi. Cher ami, pourquoi ce trésor est-il aussi fragile qu'il est précieux et beau ?

20 février.

Que Dieu vous bénisse, mes amis! qu'il vous donne tous les beaux jours qu'il me retranche.

Albert, je te remercie de m'avoir trompé. J'attendais de savoir le jour de votre mariage, et ce jour-là, solennellement, j'aurais retiré du mur la silhouette de Charlotte, et je l'aurais ensevelie sous mes papiers. Maintenant vous voilà mariés, et son image est encore là... elle y restera ! Et pourquoi non ? est-ce que je ne suis pas auprès de vous ? Oh ! je ne te fais pas de tort dans son cœur, je n'y ai que la seconde place; mais je veux, mais je dois la conserver. Oh! je deviendrais fou s'il fallait la perdre. Albert, dans cette pensée-là il y a là un enfer. Albert, adieu. Adieu, ange du ciel, adieu, Charlotte !

15 mars.

J'ai eu un désagrément qui me fera partir d'ici. Je grince des dents. Damnation ! cela ne pourra pas s'arranger ! et c'est vous encore qui êtes la cause de tout cela, vous qui m'avez poussé, excité, tourmenté ; c'est vous qui m'avez mis dans ce poste qui ne me convenait pas ! Maintenant voyez ce qui m'arrive, et soyez contents ! et pour que tu ne dises pas que ce sont mes idées exagérées qui gâtent tout, voilà, mon bel ami, un récit net et clair, et tel qu'un chroniqueur eût pu l'aligner.

Le comte de C... m'aime, il me distingue : cela est connu ; je te l'ai dit cent fois. Hier je dînais chez lui précisément le jour de sa soirée, où se réunit une noble compagnie de messieurs et de dames. C'est à quoi je n'avais pas pensé, et il ne m'est pas non plus venu à l'esprit que nous autres, subalternes, nous n'appartenions pas à ce monde-là : bien ! Je dînais donc chez le comte, après dîner nous nous promenions de long en large dans le grand salon, je causais avec lui et avec le colonel B..., qui était survenu, et ainsi arriva l'heure où la compagnie se réunit. Dieu sait que je ne pensais à rien. Entre la respectable madame de S... avec monsieur son mari, et sa fille, une petite oie à gorge plate, ficelée dans un corset.

En passant ils font leur tête, et me lancent un regard dédaigneux et superbe ; comme je hais toute cette race, je voulus m'en aller ; j'attendais seulement que le comte fût sorti d'une conversation animée, quand arriva mademoiselle de B... Je ne puis pas la voir sans que le cœur me batte un peu. Je restai, et je me plaçai derrière sa chaise. Je remarquai bientôt qu'elle ne me parlait qu'avec une certaine réserve. Cela me saisit. « Est-elle comme ce monde-là? » pensai-je. J'étais tourmenté. Je voulus m'en aller et pourtant je restai, car j'avais besoin de la trouver innocente ; je ne la croyais pas coupable, et j'espérais encore une bonne parole, et... que veux-tu?

Cependant le salon se remplit. C'était le baron F... portant toute la garde-robe du couronnement de l'empereur François Ier, le conseiller intime R..., ici M. *de* R... etc., avec sa femme, sans oublier I..., le mal vêtu, qui comble les lacunes de sa toilette antique avec des lambeaux empruntés de la nouvelle mode. Je causai avec quelques-unes de mes connaissances, qui étaient toutes fort laconiques.

J'étais tout en moi-même, et je ne prenais garde qu'à ma chère B... ; je ne remarquais pas qu'au bout du salon les femmes se chuchotaient aux oreilles, qu'il y avait un mouvement parmi les hommes, et que madame de S... parlait au comte. (C'est mademoiselle de B... qui m'a raconté tout cela depuis.) Enfin le comte vint à moi et m'attira dans l'embrasure d'une fenêtre.

— Vous connaissez, me dit-il, nos étranges habitudes ; la compagnie, je le vois bien, est inquiète de vous voir ici. Je ne voudrais pour rien...

— J'en demande pardon à Votre Excellence, répondis-je, j'aurais dû y penser plus tôt : j'espère qu'elle oubliera cette inconséquence. Je voulais me retirer plus tôt, un mauvais génie m'a retenu. Et je saluai en souriant. Le comte me serra la main avec une cordialité qui disait tout. Je saluai l'illustre compagnie et je sortis. Je me jetai aussitôt dans un cabriolet et je me fis conduire sur la montagne, pour voir coucher le soleil, et là je lus dans mon Homère ce chant magnifique, quand Ulysse reçoit l'hospitalité de ces braves gardeurs de pourceaux. Tout allait bien.

Le soir je rentrai pour manger : il n'y avait encore que quelques personnes dans la salle commune ; elles jouaient aux dés sur un coin de la table, dont elles avaient relevé la nappe. Survient le respectable A... ; il ôte son chapeau en me regardant, vient à moi et me dit doucement : — Tu as eu un désagrément !

— Moi ?

— Le comte t'a fait sortir de son salon ?

— Au diable le salon ! c'est moi qui ai voulu aller respirer l'air frais.

— Bien ! Tu le prends du bon côté. Seulement ce qui m'afflige, c'est qu'on en parle partout.

En ce moment la chose commença de me piquer au vif. Tous ceux qui vinrent à table et qui me regardèrent, je pensai que c'était pour cela même qu'ils me regardaient. Cette idée me brûlait le sang.

Aujourd'hui, partout où je vais, il me semble que j'entends mes ennemis qui triomphent et qui disent : « On voit maintenant où ça les mène, ces présomptueux qui lèvent si haut la tête et qui croient ainsi pouvoir sortir de leur sphère, » et autres stupidités de cette force. Oh ! c'est à s'enfoncer un couteau dans le cœur ! Qu'on dise tout ce qu'on voudra de la fermeté, je voudrais bien voir celui qui peut souffrir que ces faquins parlent ainsi de lui, surtout quand ils ont quelque prise ; quand leurs cancans n'ont pas de raison d'être, alors c'est plus facile !

8.

16 mars.

Tout me devient un supplice. Aujourd'hui j'ai rencontré mademoiselle de B... dans l'allée. Je n'ai pas pu m'empêcher de lui parler, et, aussitôt que nous avons été un peu éloignés de la compagnie, de lui exprimer ma pensée sur ses nouvelles façons avec moi. « O Werther, dit-elle d'un ton pénétré, pouvez-vous ainsi vous méprendre sur mes sentiments, vous qui connaissez mon cœur? Que j'ai souffert pour vous depuis le moment où je suis entrée dans ce salon! Je prévis tout... cent fois je fus sur le point de vous avertir, je savais que la C... et la de S... sortiraient avec leurs maris plutôt que de rester en votre compagnie. Je savais que le comte n'oserait pas leur résister... et maintenant tous ces bruits...

— Quoi, mademoiselle? demandai-je en cachant mon effroi..., et ce qu'Adeline m'avait dit l'avant-veille me courut dans les veines comme de l'eau bouillante.

— Qu'il m'en a coûté! poursuivit la douce créature, avec des larmes dans les yeux.

Je n'étais plus maître de mes émotions. Je vis le moment où j'allais me jeter à ses pieds. « Expliquez-vous, » lui dis-je.

Les larmes coulèrent le long de ses joues. J'étais hors de moi. Elle les essuya sans chercher à les cacher. « Vous connaissez ma tante, reprit-elle; elle était là : avec quels yeux elle me regardait ! Werther, hier soir et ce matin encore, il m'a fallu subir un sermon à propos de mes relations avec vous. Il a fallu vous entendre humilier, abaisser... et je ne pouvais vous défendre qu'à moitié.

Chaque parole qu'elle disait m'entrait dans le cœur comme une épée. Elle ne savait pas que la pitié voulait qu'elle me cachât tout cela, et elle mit le comble à ma torture en me parlant des misérables qui en faisaient triomphe, en me disant qu'il y en avait qui se réjouissaient de ce châtiment de mon orgueil, dont ils me menaçaient depuis longtemps ! O Wilhelm ! entendre tout cela d'elle, et dit avec l'accent de la plus vraie sympathie... J'étais anéanti... et maintenant j'ai la rage dans le cœur !

Je voudrais que l'outrage me vînt de quelqu'un pour lui passer mon épée à travers le corps. Si je voyais du sang, cela me ferait du bien. Oh ! cent fois déjà j'ai pris un couteau pour donner de l'air à mon cœur. On parle d'une noble race de chevaux : quand on les a poussés à bout, épuisés par la course terrible, d'eux-mêmes, ils se déchirent une veine avec les dents, pour respirer librement. Ainsi de moi. Souvent je voudrais m'ouvrir la veine qui me donnerait l'éternelle liberté.

24 mars.

J'ai sollicité mon congé de la cour, et j'espère l'obtenir. Vous me pardonnerez de n'avoir pas demandé d'abord votre permission. Il faut que je parte : tout ce que vous m'auriez pu dire pour m'engager à rester, je le sais... Ainsi, dore la pilule à ma mère. Ce que je ne puis pas faire pour moi, elle comprendra bien que je ne puisse pas le faire pour elle. Oui sans doute, cela doit l'affliger. La belle course que son fils aura fournie vers le conseil privé ou les ambassades! Il faut faire halte du premier coup, et ramener la bête à l'écurie! Prenez-en votre parti comme il vous plaira; arrangez, combinez tous les cas dans lesquels j'eusse pu et dû rester. Très-bien! mais je pars... Si vous voulez savoir où je vais, il y a ici un prince qui a beaucoup de goût pour ma compagnie : dès qu'il a su mon départ, il m'a prié de l'accompagner dans ses terres et d'y passer le beau printemps. J'y serai tout à fait libre : il me l'a promis, et nous nous entendons jusqu'à un certain point, de sorte que je regarde ce voyage comme une bonne fortune, et je pars avec lui.

14 avril.

Merci pour tes deux lettres. Je n'y répondais pas, parce que je laissais la mienne ouverte jusqu'à mon départ de la cour. Je craignais que ma mère n'entreprît quelque chose du côté du ministre et n'entravât mes projets. Maintenant tout est fini. Voici mon congé. Je ne puis vous dire combien on me l'a donné à regret, et ce que le ministre m'a écrit; vous vous répandriez en nouvelles lamentations. Le prince héréditaire m'a envoyé une gratification de vingt-cinq ducats, avec un mot qui m'a ému jusqu'aux larmes. Ainsi je n'ai pas besoin de l'argent pour lequel j'ai écrit dernièrement à ma mère.

5 mai.

Je pars demain, et, puisque le lieu de ma naissance n'est qu'à six milles de la route, je veux le revoir. Je veux me rappeler ces jours heureux, ces jours passés, ces rêves évanouis. Je veux aller jusqu'à cette porte par où ma mère sortit avec moi, quand après la mort de mon père elle quitta ce village charmant pour aller s'enfermer dans la ville. Adieu, Wilhelm, tu auras de mes nouvelles.

9 mai.

J'ai fait le pèlerinage du lieu natal, avec tout le respect d'un vrai pèlerin. Toutes sortes d'émotions inattendues m'ont saisi. Près du grand tilleul, à S..., à un quart d'heure de la ville, j'ai fait arrêter, je suis descendu et j'ai envoyé le postillon en avant pour retrouver en marchant et pour goûter dans mon cœur chaque souvenir, jeune et vivant. C'est là que je me reposais, sous le tilleul, jadis le but et la limite de mes promenades d'enfant : quel changement! Autrefois, dans mon heureuse ignorance, j'aspirais à me

mêler à ce monde inconnu, où j'espérais pour mon
cœur un si généreux aliment, de si profondes délices,
de quoi remplir et réjouir mon sein avide et haletant.
Et maintenant j'en reviens, de ce vaste monde! ô mon
ami, avec quelles espérances brisées! comme tous mes
plans sont renversés! Je regardai la montagne qui
se dressait en face de moi ; elle avait tant de fois été
l'objet de mes désirs! Pendant de longues heures je
m'étais assis là, aspirant de toute mon âme à me
perdre dans ces bois, dans ces vallées que le doux
crépuscule voilait à demi devant mes yeux, et, quand
le moment était arrivé, quand il fallait partir, avec
quel regret j'abandonnais cette place charmante!

J'approchai de la ville. Je saluai dans les jardins
tous ces anciens pavillons bien connus. Les nouveaux
me plaisaient moins, ainsi que tous les changements
survenus. Je franchis la porte : je me reconnais très-
facilement partout. Cher, je ne veux pas me permettre
les détails ; si attrayants qu'ils aient été pour moi,
pour toi le récit ne serait que monotone. J'avais résolu
de demeurer sur le marché, tout près de notre ancienne
maison. En y allant je remarquai que l'école, où une
respectable vieille rassemblait notre petit troupeau,
était maintenant convertie en une boutique d'épicier.
Je me rappelai mes larmes, l'inquiétude, l'anxiété
d'esprit, l'angoisse de cœur que j'avais éprouvées
dans ce trou. J'avais une remarque à faire à chaque
pas ; un pèlerin de terre sainte ne trouve point autant
de places consacrées par de religieux souvenirs. C'est
à peine si son âme ressent de plus saintes émotions.
Encore un exemple entre mille. Je descendis le long

de la rivière jusqu'à certaine métairie bien connue.
C'était ma route autrefois, et la place où je luttais
avec les autres enfants à qui ferait faire aux pierres
plates et légères le plus de ricochets sur l'eau. Je me
rappelai comment, immobile sur le bord, je suivais le
flot qui fuyait mon regard avide ; fuyant avec lui,
rêveur aventureux, je me figurais les pays vers lesquels il descendait ; bientôt je rencontrais les bornes
de mon imagination, et cependant je voulais aller
encore, encore et toujours, jusqu'à ce que je me
fusse perdu dans la contemplation du lointain infini !
Vois, mon ami combien, dans leurs étroites limites,
les pères du genre humain furent heureux. Quelle
jeunesse dans leurs sentiments et dans leur poésie !
Quand Ulysse parle de la terre sans bornes et de
l'Océan sans mesure, c'est si vrai, si humain,
tellement profond, et saisissant, et mystérieux ! À
quoi me sert-il de pouvoir dire, avec le premier
écolier venu, que la terre est ronde ? Ce qu'il faut
à l'homme, c'est quelques pieds de cette terre pour
être heureux dessus, et encore moins pour dormir
dessous. . . . .
. . . . . . Je suis présentement à la maison
de chasse du prince. On vit très-bien avec le maître :
il est simple et vrai. Autour de lui il y a des hommes
assez étranges et que je ne comprends pas très-bien.
Ils n'ont pas l'air de fripons, et cependant ils n'ont
pas non plus l'air de très-honnêtes gens. Quelquefois
ils se présentent à moi avec les apparences les plus
honorables, et cependant je ne puis me sentir en confiance. Ce qui me fait encore mal, c'est que le prince

parle souvent de choses qu'il ne connaît que par ouï-dire ou par ses lectures, et il en parle toujours du point de vue sous lequel on les lui a montrées.

Et puis, il fait cas de mon intelligence et de mes talents bien plus que de mon cœur, la seule chose dont je sois fier, parce qu'elle est la source de toute force, de toute félicité... et de tout malheur. Ah! ce que je sais, chacun peut le savoir. Mais mon cœur est à moi seul!

25 mai.

J'avais en tête quelque chose dont je ne voulais pas vous parler jusqu'à ce que cela fût arrangé. Je voulais aller à la guerre. Cela m'a tenu longtemps au cœur. C'est surtout pour cela que j'ai suivi le prince : il est général au service de... Dans une de nos promenades, je lui découvris mon projet ; il m'en dissuada, et il y aurait eu chez moi plus d'entêtement que de caprice, si je n'avais pas écouté ses raisons.

14 juillet

Dis ce que tu voudras : je ne puis pas rester davantage. Que fais-je ici? le temps me devient long. Le prince me traite aussi bien que possible, et cependant je ne suis pas dans mon assiette. Au fond, nous n'avons rien de commun! C'est un homme d'intelligence, mais d'une intelligence ordinaire. Pour moi, causer avec lui, c'est lire un livre correctement écrit : rien de plus. Je reste encore huit jours, puis je vais errer dans les environs. Ce que j'ai fait de mieux ici, ce sont des dessins. Le prince a le sentiment de l'art. Ce sentiment serait plus fort encore, mais il se rétrécit dans un formalisme misérable et dans la terminologie routinière. Il me fait quelquefois grincer les dents, quand mon imagination enflammée voltige autour d'une question qui touche la nature ou l'art, et qu'il s'en vient broncher dans mon chemin avec une phrase stéréotypée.

16 juillet.

Eh bien, oui, me voici maintenant un éternel voyageur, un pèlerin à travers le monde. Et vous autres, êtes-vous plus ?

Juillet.

Où je veux aller ? je vais te le dire en confidence. Je reste encore quinze jours ; et puis, je me suis persuadé que je voulais aller voir les mines ; à vrai dire, il n'en est rien. Je veux seulement me rapprocher de Charlotte ; voilà tout. Ah ! je ris moi-même de mon cœur... mais je fais ce qu'il veut.

20 juillet.

Non, c'est bien ainsi, c'est très-bien. Moi son époux ? O Dieu qui m'as créé, si tu m'avais accordé cette félicité, toute ma vie ne serait qu'une longue prière. Je ne veux pas me révolter, mais pardonne-moi mes larmes, pardonne-moi mes désirs. Elle ma femme ! Ah! si je l'avais serrée dans mes bras ! Elle ! la plus charmante créature qui soit sous le soleil ? Oh ! je me sens passer un frisson à travers le corps quand Albert prend cette taille élégante...

Et... oserai-je le dire ? mais pourquoi non, Wilhem ? Elle eût été plus heureuse avec moi qu'avec lui. Non ! il n'est pas homme à remplir tous les désirs de ce cœur. Il y a en lui un manque de sensibilité, un manque... prends-le comme tu voudras : son cœur ne bat pas sympathiquement à tel passage d'un livre où mon cœur à moi et celui de Charlotte n'auraient eu qu'une palpitation ! et de même en cent autres cas, quand, par exemple, il s'agit d'exprimer notre opinion sur telle action d'un tiers. Cher Wilhlem, il est pourtant vrai qu'il l'aime de toute son âme; et un tel amour, que ne mérite-t-il pas ?

Un homme insupportable m'a interrompu : mes larmes sont séchées; me voilà distrait. Adieu, cher.

4 août.

Ce n'est pas à moi seul que le malheur arrive. Tous les hommes sont trompés dans leur attente et déçus dans leurs espérances. Je suis allé voir ma brave femme sous les tilleuls. L'aîné des enfants vint à moi en courant ; son cri de joie attira la mère, qui me parut tout abattue. Son premier mot fut : « Ah ! mon bon monsieur, mon Jean est mort ! » C'était le plus jeune de ses enfants. Je restai silencieux. « Mon mari, continua-t-elle, est revenu de Suisse ; il n'a rien rapporté, et, sans de braves gens, il aurait été obligé de mendier sur sa route. Il a attrapé la fièvre en chemin. » Je ne pus encore rien répondre ; je donnai quelque chose à l'enfant ; elle me pria d'accepter quelques pommes, ce que je fis, et je quittai ce lieu si plein de tristes souvenirs.

21 août.

Le temps de tourner la main, et j'ai changé d'humeur. Parfois la vie semble m'accorder un plus doux regard et s'éclaire plus joyeusement pour moi. Oh ! cela ne dure qu'un instant. Quand je me perds ainsi dans mes rêves, je ne puis m'empêcher parfois de penser : « Si pourtant Albert mourait ; je serais... oui ! elle serait... » Et je cours après cette chimère jusqu'à ce qu'elle me conduise au bord de l'abîme.... et alors je me rejette en arrière avec effroi.

Quand je sors de la ville, par le chemin que je pris pour la première fois lorsque je la conduisis à ce bal, comme je trouve tout changé! Tout, tout a disparu! pas le moindre vestige du monde évanoui, pas un dernier battement de ces sensations charmantes d'autrefois. Il en est de moi comme d'un esprit qui reviendrait dans le château, maintenant dévasté par l'incendie, qu'il avait jadis, prince et dans la fleur de sa puissance, orné de toutes les splendeurs de la magnificence, et, au moment de la mort, laissé à son fils bien-aimé, cher objet de ses espérances!

3 septembre.

Souvent je me demande comment un autre peut l'aimer, ose l'aimer, quand je l'aime, moi, si profondément, si uniquement, si complétement; quand je ne connais, quand je ne sais, quand je n'ai qu'elle!

4 septembre.

Oui, cela est ainsi! De même qu'à présent la nature s'incline vers l'automne, ainsi l'automne se fait en moi et autour de moi. Mes feuilles se flétrissent; déjà tombent celles de l'arbre voisin. Ne t'ai-je point parlé d'un jeune paysan, quand je vins ici? Je m'en suis informé en revenant à Wahlheim : on m'a dit qu'il avait été chassé de son service ; personne n'en savait davantage. Hier, je le rencontrai par hasard, qui s'en allait vers un autre village. Je lui parlai, et il me raconta son histoire, qui me remua profondément, comme tu le comprendras bientôt, si je te la raconte à mon tour. Mais à quoi bon ? Pourquoi ne pas garder pour moi ce qui me tourmente et me désole ? Pourquoi t'affliger encore ? Pourquoi te donner toujours l'occasion de me plaindre ou de me gronder ? Allons ! cela aussi, peut-être, est dans ma destinée !

Le jeune homme répondit d'abord à mes questions avec une douce mélancolie, dans laquelle je crus remarquer aussi un peu de timidité ; bientôt il devint plus confiant, comme si nous nous fussions reconnus tout à coup ; il m'avoua sa faute et déplora son malheur. Je voudrais, mon ami, pouvoir, comme un témoin fidèle, te rapporter toutes ses paroles ; il reconnaissait, il disait, avec une sorte de bonheur et de complaisance en ses propres souvenirs, que sa passion pour la fermière avait augmenté de jour en jour, et qu'à la fin il ne savait plus ce qu'il faisait, ni, pour parler comme lui, où il avait la tête ; il ne pouvait plus ni manger, ni boire, ni dormir ; ça le prenait à la gorge ; il avait fait ce qu'il ne devait pas faire ; il ne savait pas ce qui avait pu l'égarer ; il était comme poursuivi par un méchant esprit, jusqu'à ce qu'un jour, où il savait qu'elle était dans une des chambres d'en haut, il la suivit, ou plutôt il fut comme entraîné après elle. Elle ne voulut point écouter ses prières ; lui, voulut employer la force ; il ne comprenait pas maintenant comment cela avait pu lui arriver, et prenait Dieu à témoin que ses vues sur elle avaient toujours été pures, et qu'il ne désirait rien plus ardemment que de l'épouser et de la voir enfin unir sa vie à la sienne. Après avoir longtemps parlé, il s'arrêta tout à coup, mais comme quelqu'un qui a encore quelque chose à dire, et qui n'ose pas ; enfin, il m'avoua, avec hésitation et si timidement ! les légères faveurs qu'elle lui accordait parfois et les petites familiarités qu'elle lui permettait ; il s'interrompit deux ou trois fois, et me fit les plus vives protestations qu'il ne me disait pas cela « pour la mépriser, » qu'il l'aimait et la respectait comme auparavant, que jamais ces paroles-là n'étaient sorties de sa bouche, et que, s'il me les avait dites, c'était pour me prouver qu'il n'était pas un fou et un homme complétement égaré. Ici, mon ami, je retrouve la vieille antienne que je te chante éternellement ; si je pouvais te peindre l'homme comme il était, comme il est encore devant moi ! Si je pouvais trouver des expressions pour te faire sentir toute la part que je prends, que je dois prendre à son sort ! Mais ne suffit-il pas que tu connaisses mon sort, à moi, que tu me connaisses moi-même, pour savoir trop bien ce qui m'entraîne vers tous les malheureux, vers celui-là surtout ?

Je relis ma lettre et je m'aperçois que j'ai oublié de te raconter la fin de l'histoire. Elle se devine assez d'elle-même. La fermière résistait ; sur ces entrefaites, son frère arrive. Il haïssait depuis longtemps ce domestique ; il voulait le faire renvoyer de la maison, parce qu'il craignait qu'un nouveau mariage de sa sœur, jusque-là sans enfants, ne privât les siens d'un héritage sur lequel il comptait beaucoup. Il chassa immédiatement le pauvre garçon, et fit un tel bruit de la chose que la fermière, quand elle l'eût voulu, n'eût pas osé le reprendre. Elle avait cherché un autre domestique à cause duquel elle était maintenant brouillée avec son frère : on tenait pour certain qu'elle l'épouserait ; mais lui, le pauvre diable, était bien résolu à ne pas le souffrir.

Dans tout ce que je te raconte là, il n'y a ni exagération ni délicatesse de mon fait ; je puis le dire, je n'ai fait qu'affaiblir, gâter le récit en me servant pour le faire de nos expressions convenues et compassées.

Non ! cet amour, cette fidélité, cette passion, ce n'est pas là une fiction poétique ; tout cela vit, purement et ardemment, dans une classe d'hommes que nous appelons bruts et grossiers, nous autres gens façonnés ! oui, façonnés... jusqu'à n'être plus rien ! Lis donc cette histoire avec attention, je t'en prie. Aujourd'hui, je suis calme en t'écrivant ; tu le vois à mes lettres, qui ne sont ni tremblées ni éclaboussées d'encre. Lis donc, cher, lis et réfléchis là-dessus. C'est aussi l'histoire de ton ami. Oui ! voilà ce qui m'est arrivé, et ce qui m'arrivera, et il s'en faut de moitié que je sois aussi courageux, aussi résolu que cet infortuné, auquel j'ose à peine me comparer.

5 septembre.

Elle a écrit un petit billet à son mari, que ses affaires retiennent à la campagne. Cela commence ainsi : « Cher, très-cher, reviens dès que tu pourras. Je t'attends avec mille joies... » Un ami, qui est arrivé de là-bas, a fait savoir que certaines circonstances l'empêchaient de revenir sitôt. Le billet resta ouvert et me tomba sous la main : je le lus et je souris. Elle me demanda pourquoi : « Que l'imagination, lui répondis-je, est un présent céleste ! J'ai pu un instant me faire l'illusion que ce billet m'était écrit. » Elle ne répondit pas; cela parut la contrarier : je me tus.

6 septembre.

J'ai eu bien de la peine à me résoudre à mettre de côté mon unique frac bleu, que je portais le jour où j'ai dansé avec Charlotte pour la première fois. Il n'était plus présentable. Je m'en suis fait faire un pareil, col et revers, avec la veste et la culotte jaunes.

Cela ne me fait pas du tout le même effet. Je ne sais : peut-être, avec le temps, celui-ci me deviendra plus cher.

12 septembre.

Elle a été quelques jours en voyage : elle était allée rejoindre Albert. Aujourd'hui, je suis entré dans sa chambre : elle est venue au-devant de moi ; j'ai baisé sa main avec mille délices.

Un petit serin s'est élancé de la cage et a volé sur son épaule. « Un nouvel ami, a-t-elle dit, et elle l'attirait sur son doigt. C'est pour les enfants, et il est vraiment charmant ; regardez-le ! quand je lui donne du pain, il bat des ailes, et comme il prend bien sa becquée ! il me baise aussi. Voyez donc ! »

Elle tendit sa bouche à l'oiseau, qui se pressa contre ses douces lèvres, comme s'il eût pu sentir son bonheur. « Il faut, continua-t-elle, qu'il vous baise aussi ; » et elle me tendit l'oiseau, et il allait becquetant de sa bouche à la mienne, et ce petit picotement était pour moi comme un souffle amoureux, comme l'avant-goût d'ineffables délices.

— Son baiser, dis-je alors, n'est pas désintéressé : il cherche sa nourriture, et il revient mécontent de ces caresses vides.

— Il mange aussi dans ma bouche, répondit-elle ; et elle lui présenta un peu de mie de pain avec ses lèvres, où souriaient dans toutes leurs délices les joies d'un amour innocent et partagé.

Je détournai les yeux. Wilhelm, elle ne devait pas faire cela. Elle ne devait pas charmer mon âme avec ces images de l'innocence et de la félicité suprême. Elle ne devrait pas réveiller mon cœur du sommeil dans lequel parfois je berce ma vie indifférente. Et pourquoi non, après tout? elle a tant de confiance en moi ! elle sait comment je l'aime !

15 septembre.

C'est à devenir fou, Wilhelm, de voir comment les hommes se privent stupidement du petit nombre de choses qui gardent encore leur prix sur la terre. Tu connais ces beaux noyers, sous lesquels je m'étais assis avec Charlotte, lors de notre visite au respectable pasteur de St..., ces noyers magnifiques dont la vue me remplissait l'âme de je ne sais quelle joie profonde. Comme ils rendaient ce presbytère agréable ! et quelle fraîcheur ! Comme leurs rameaux étaient majestueux ! et puis, tous les souvenirs de ces âmes bénies qui les avaient plantés, il y a tant d'années ! Le maître d'école nous a souvent dit le nom d'un d'entre eux, qu'il avait entendu de son grand-père ; ce devait être un bien excellent homme, et, à l'ombre de ces arbres, sa mémoire m'était sacrée. Quand je te dis que le pauvre magister avait des larmes dans les yeux, en nous annonçant hier qu'on les avait abattus ! Je vais, je crois, devenir enragé et mordre le chien qui le premier a levé la cognée sur eux ; moi qui serais désolé, si j'avais de pareils arbres dans ma cour, d'en voir mourir un de vieillesse ! Mon bien cher, dans ce malheur il y a du moins une bonne chose ! Vois ce que c'est que le sentiment des hommes : tout le village murmure, et j'espère que la femme du ministre verra, aux œufs et au beurre, et au reste, quelle profonde blessure elle leur a faite à tous ; car c'est elle qui est cause de tout, la femme du nouveau pasteur (notre vieux est mort aussi), une femme sèche, maladive, et qui a vraiment raison de ne pas s'intéresser au monde, car le monde ne s'intéresse guère à elle ! Une folle qui se tue à devenir savante, qui se mêle d'interpréter les canons, qui veut arranger le christianisme à la dernière mode de la réformation critico-morale, et à qui les rêveries de Lavater font hausser les épaules, une santé délabrée, et qui, par conséquent, ne connaît plus aucune joie sur la terre de Dieu. Une telle créature était seule capable de faire abattre nos noyers ! Je n'en reviens pas, vois-tu ! Imagine-toi que les feuilles, en tombant, rendaient la cour malpropre et humide ! les arbres lui ôtaient la lumière du jour, et, quand les noix étaient mûres, les enfants jetaient des pierres dans les branches, et cela lui donnait sur les nerfs et la troublait en ses méditations profondes, pendant qu'elle pesait Kennicot, Michaélis et Semler ! Quand j'ai vu tout le monde dans le village, et surtout les vieux si mécontents, je leur ai dit : « Pourquoi l'avez-vous souffert? — Mon Dieu, m'ont-ils répondu, à la campagne, quand le maire veut, que peut-on dire? » Mais voici qui est bien fait ! Le maire et le pasteur (car il croyait bien aussi tirer quelque profit des caprices de sa femme, qui d'ordinaire ne lui rendent pas sa soupe plus grasse) pensaient partager entre

eux les bénéfices ; mais le fisc est intervenu, qui a dit :
« Halte-là ! » car il avait aussi d'anciennes prétentions sur la partie du presbytère où les arbres étaient
plantés, et il les a vendus aux enchères. Maintenant
les voilà bas. Oh ! si j'étais prince ! la femme du ministre, le maire, le fisc... je voudrais... Bah ! si j'étais
prince, les arbres de mon pays, qu'est-ce que ça me
ferait?

10 octobre.

Que je voie seulement ses yeux noirs... et déjà je
suis mieux. Ce qui m'afflige, c'est qu'Albert ne me
paraît pas aussi heureux qu'il espérait.... et que moi....
si.... Je n'abuse pas des réticences, mais ici je ne puis
pas m'exprimer autrement, et je m'entends assez
comme cela !

12 octobre.

Ossian a pris la place d'Homère dans mon cœur.
Dans quel monde il m'emporte, ce poëte sublime !
Errer sur la bruyère, fouetté par le vent des tempêtes
qui chasse les ombres des aïeux au milieu des nuages
obscurs, sous le rayon pâle de la lune ! entendre, du
haut de la colline, à travers les mugissements du
torrent des bois, les cris emportés par l'orage des
esprits enfermés dans leurs cavernes, et les plaintes

de la jeune fille se lamentant sur les quatre pierres couvertes de mousse et perdues dans l'herbe qui cachent le héros tombé, celui qu'elle aime! Quand je le rencontre, ce vieux barde aux pas errants, qui cherche sur la vaste bruyère les pas de son père Fingal, et qui trouve, hélas! son tombeau; quand il gémit, les yeux fixés sur la douce étoile du soir, qui tombe dans la mer aux flots roulants; se rappelant le temps passé où le rayon ami éclairait les dangers du brave, où la lune contemplait du ciel sa poupe couronnée, qui revenait avec la victoire; quand, sur son front, je lis le chagrin dévorant; quand je vois le dernier des héros oublié sur la terre, languissant, flétri, aspirant à la tombe, savourant la pensée éternellement présente et désolante des chers absents, et trouvant dans cette pensée des joies toujours nouvelles et brûlantes comme la douleur, regardant la terre froide et ses grandes herbes couchées par le vent, et qu'il dit : « Le pèlerin approche; il va venir, celui qui m'a vu dans ma beauté, il va venir et il demandera : « Où est donc le barde, où est le noble fils de Fingal? Son pied foule ma tombe, et c'est en vain qu'il me demandera à la terre! » O mon ami! dans ces moments-là, j'arracherais volontiers l'épée de quelque noble écuyer pour affranchir d'un coup mon prince languissant dans ces énervantes douleurs d'une vie qui n'est autre chose qu'une mort lente.... et moi-même j'enverrais mon âme rejoindre mon demi-dieu délivré!

19 octobre.

Ah ! ce vide, ce vide infini que je sens dans ma poitrine... je crois que, si une fois, une seule fois, je pouvais *la* serrer sur mon cœur.... Oui ! tout ce vide serait rempli.

26 octobre.

Oui, mon cher, cela est certain pour moi, bien certain, la vie d'une créature est peu de chose : oh ! bien peu de chose ! Une amie était venue voir Charlotte. Je passai dans la chambre voisine ; je pris un livre et je ne pus pas lire ; alors je pris une plume pour écrire. Je les entendis causer doucement ; elles se racontaient des choses indifférentes, des nouvelles de la ville : que celle-ci se mariait, que cette autre était malade, très-malade ; elle avait une toux sèche ; on lui voyait les os à travers les joues ; elle avait des faiblesses à chaque instant. « Je ne donnerais pas un kreutzer de sa vie, » disait l'une. « N... est aussi mal que cela ? » reprenait Charlotte. « Il est enflé, » disait l'autre. Ma vive imagination me portait au chevet de ces malheureux, je voyais avec quel regret ils s'éloignaient de la vie, je voyais... Wilhem, et mes deux petites femmes parlaient de cela... mon Dieu ! comme on parle d'un étranger qui meurt.... Quand je regarde autour de moi, quand je vois cette chambre, les vêtements de Charlotte, les papiers d'Albert, et ces meubles auxquels, à présent, je suis aussi accoutumé qu'à cette écritoire, je me dis : « Regarde ce que tu es pour cette maison — tout pour tous ! Tes amis t'estiment, tu fais souvent leur joie, et il semble à ton cœur qu'il ne pourrait vivre sans eux ; et pourtant, si tu mourais maintenant, si tu sortais de ce cercle, sentiraient-ils, et combien de temps sentiraient-ils ta perte? » Oui, combien de temps? Oh! l'homme est chose si passagère, que, là même où il a de son être une certitude plus palpable, là où sa présence produit l'impression la plus vive, dès qu'il a disparu, il s'efface du souvenir et de l'âme de ceux qu'il aimait... et si vite!

27 octobre.

N'est-ce pas à se percer la poitrine ou à se faire sauter la cervelle, qu'on soit si peu les uns pour les autres? L'amour, la joie, l'ardeur, le plaisir que je ne porte pas en mon cœur, un autre ne me le donnera point, et moi-même, avec un cœur rempli de félicité, je ne ferai pas le bonheur d'un autre, que je vois devant moi sans chaleur et sans force.

27 octobre au soir.

J'ai tant! et tout moi disparaît en elle! J'ai tant! et sans elle tout n'est rien!

30 octobre.

Si je n'ai pas été cent fois sur le point de me jeter à son cou ! Dieu sait ce que c'est que de voir tant de charmes à sa portée et de ne pas les prendre.... Prendre ! mais c'est le mouvement naturel de l'homme; prendre, mais c'est ce que font les enfants de tout ce qui tombe sous leurs sens... Et moi !

5 novembre.

Dieu le sait : je me mets souvent au lit avec l'espérance, oui, avec le désir de ne pas me réveiller. Le matin j'ouvre les yeux, je revois le soleil et je suis malheureux. Ah ! si j'étais un être capricieux, je pourrais rejeter la faute sur le temps, sur les autres, sur une entreprise mal réussie, et l'insupportable fardeau de ma douleur ne pèserait plus qu'à moitié sur moi. Malheur ! je ne le sens que trop, c'est à moi la faute, à moi seul. La faute ? Non, c'est assez que la source de l'infortune soit maintenant renfermée dans mon sein, comme autrefois la source de la félicité. Ne suis-je pas toujours le même ? celui qui autrefois se plongeait dans des abîmes de sensations, dont un paradis accompagnait les pas, et qui avait dans le cœur un amour capable d'embrasser le monde.... et maintenant, ce cœur est mort; aucun ravissement n'en

saurait plus naître. Mes yeux sont secs, et mes sens,
que ne rafraîchissent plus les larmes vivifiantes, plissent mon front de rides où se lit leur angoisse. Je
souffre parce que j'ai perdu les seules délices de ma
vie. La force active et sainte, avec laquelle je créais un
monde en moi, je l'ai perdue! Quand, de ma fenêtre,
je regarde la colline lointaine, que je vois le soleil du
matin, perçant les nuages, illuminer sa cime, et la
prairie calme s'éclairer doucement, et le ruisseau qui
vient à moi serpenter entre les saules effeuillés, oh!
quand cette nature, splendide jadis, est là devant mes
yeux, inanimée, immobile et froide, comme une peinture de laque : quand toutes ces délices ne peuvent
aspirer de mon cœur et faire monter à mon cerveau
une goutte de félicité, je suis là, devant la face du
Seigneur, créature découragée, comme un puits sans
eau, comme un seau desséché. Souvent je me jette à
genoux et je demande à Dieu des larmes, comme un
laboureur lui demande la pluie quand sur sa tête le
ciel est d'airain, et qu'à ses pieds la terre se sèche de
soif!

Mais je le sens, hélas! ce n'est point à nos prières
violentes que Dieu accorde les ondées et les rayons! et
ce temps, dont le souvenir me navre, pourquoi était-il
si heureux, sinon parce que j'attendais patiemment
la venue de son esprit, et que je recevais avec un cœur
profondément reconnaissant les délices qu'il lui plaisait de répandre sur moi?

8 novembre.

Elle m'a reproché mes excès, avec quelle grâce ! mes excès, c'est-à-dire certaine facilité à me laisser entraîner, quand je bois, du verre à la bouteille.

— Ne faites pas cela ! disait-elle, pensez à Charlotte.
— Penser ! repris-je, avez-vous besoin de me l'ordonner ? Je pense. Je ne pense pas, peut-être ! Vous êtes toujours devant mon âme ! Aujourd'hui j'étais assis sur la berge, à l'endroit où, dernièrement, vous descendîtes de voiture.

Elle me parla d'autre chose, pour ne pas me laisser creuser ce sujet trop avant. Cher, voilà où j'en suis ! elle peut faire de moi ce qu'elle veut.

15 novembre.

Je te remercie, Wilhelm, de ta noble sympathie, de tes sages conseils. Mais, je t'en prie, ne t'inquiète plus de moi, laisse-moi supporter la crise jusqu'au bout ; malgré ma faiblesse, j'ai encore autant de force qu'il m'en faut ! J'honore la religion, tu le sais. Je sens qu'elle est un appui pour ceux qui chancellent, une force nouvelle pour ceux qui languissent : mais peut-elle, doit-elle être cela pour tous ? Considère le vaste monde : ne vois-tu pas des milliers d'hommes pour qui elle n'a pas été, des milliers d'hommes pour qui elle ne sera jamais cela, qu'ils aient été évangilés ou non ? et pour moi doit-elle nécesssairement être cela ? Le Fils de Dieu lui-même n'a-t-il pas dit que ceux-là seraient à lui, que le Père lui a donnés ! Et si moi je ne lui suis pas donné ; si, comme mon cœur me le dit, le Père m'a voulu garder pour lui-même ? Je t'en prie : n'interprète pas ce que je te dis là, ne vois pas une raillerie dans ces innocentes paroles ; c'est toute mon âme que j'expose devant toi. J'aurais mieux fait de me taire, car je n'aime pas à perdre mes paroles à propos des choses sur lesquelles les autres, après tout, n'en savent pas beaucoup plus long que moi. Mais qu'est-ce autre chose que le destin de l'homme, sinon de remplir sa mesure de souffrance et de boire sa coupe jusqu'à la lie ? Et si le calice parut trop amer aux lèvres humaines du Dieu du ciel, pourquoi donc ferais-je le vaillant et paraîtrais-je le trouver doux au goût ? Pourquoi rougirais-je des terreurs de ce dernier instant, quand tout moi frissonne entre l'*être* et le *non-être*, quand le passé luit comme un éclair sur le ténébreux abîme de l'avenir, quand tout s'anéantit autour de moi, et que le monde disparaît ? Ah ! quand l'angoisse serre la créature et la replie sur elle-même, quand tout l'abandonne, quand rien ne peut plus la retirer de l'abîme où elle sombre, dans cette convulsion suprême de ses forces vainement épuisées, sa voix peut-elle être autre chose que ce cri de désespoir qui passe entre les dents serrées : « Mon Dieu, mon Dieu ! pourquoi m'as-tu abandonné ? » Et pourquoi donc aurais-je honte de ce cri suprême ? Pourquoi le retiendrais-je en ce moment redoutable, quand il échappe à celui-là même qui roule les cieux comme une tente ?

19 novembre.

Elle ne voit pas, elle ne sent pas qu'elle m'offre un poison qui nous perdra tous deux, et moi je savoure avec une volupté profonde la coupe qu'elle me présente et qui me tue ! Et que veut-il donc, ce doux regard que souvent... non, pas souvent !... mais quelquefois, elle arrête sur moi ? cette grâce charmante avec laquelle elle reçoit l'involontaire expression de mes sentiments, et cette compassion pour mes souffrances qui se peint sur son visage ?

Hier, comme je m'en allais, elle me tendit la main et me dit : « Adieu, cher Werther. » Cher Werther ! c'est la première fois qu'elle m'appelle cher : cela me passa dans moelle et les os. Je me le suis répété cent fois, et hier soir, en me couchant, comme je babillais de mille choses avec moi-même, je me suis dit : « Bonne nuit, cher Werther. » Et là-dessus j'ai bien été obligé de rire de moi.

22 novembre.

Je ne puis pas faire cette prière : « Mon Dieu ! laisse-la moi, » et pourtant il me semble souvent qu'elle est mienne. Je ne puis pas dire non plus : « Donne-la-moi, » car elle est celle d'un autre. Allons ! je fais de l'esprit avec mes douleurs ! Si je me laissais aller, j'aurais des litanies d'antithèses.

24 novembre.

Elle sent ce que je souffre. Aujourd'hui son regard m'a plongé dans le cœur. Je l'ai trouvée seule ; je ne disais rien ; elle m'a regardé. Je n'ai plus vu en elle cette beauté séduisante et ce vif esprit dont la lumière éclate sur ses traits. Tout cela s'était évanoui. Elle a fixé sur moi un œil plus pénétrant, tout rempli de l'expression de sa sympathie profonde et de la plus douce pitié. Pourquoi n'ai-je pas osé me jeter à ses pieds, pourquoi ne lui ai-je pas répondu, à son cou, et avec mille baisers ? Elle s'est enfuie à son clavecin, et des sons harmonieux, accompagnant son jeu, s'exhalaient comme un souffle avec sa voix suave et tendre. Jamais je n'avais vu ses lèvres plus charmantes. On eût dit qu'elles s'entr'ouvraient languissantes pour savourer voluptueusement la douce note qui jaillissait de l'instrument, et dont l'écho céleste retentissait sur sa bouche si pure ; si j'exprimais cela comme je l'ai senti ! oh ! c'était plus que je ne pouvais supporter. Je penchai la tête et je fis ce serment : « Non jamais ! jamais je n'oserai imprimer un baiser sur vous, ô lèvres, lèvres sur lesquelles voltigent les esprits célestes ! » Et cependant je veux !... Ah ! vois-tu ! il y a comme un mur de séparation devant mon âme. Ce bonheur ! et puis mourir pour expier cette faute... Faute ?

26 novembre.

Souvent je me dis : « Ta destinée est unique ; tu peux regarder tous les autres comme heureux ; personne n'a été jamais tourmenté comme toi ! Alors je lis quelque poëte du passé, et il me semble que je vois dans mon propre cœur. J'ai tant à souffrir ! Ah ! y a-t-il donc eu avant moi des hommes aussi malheureux ?

30 novembre.

Il est dit que je ne reviendrai pas à moi. Partout où je vais, une apparition m'attend qui me met hors de moi-même. Aujourd'hui... O destin, ô condition de l'homme !

A midi, je n'avais guère envie de manger ; je suis allé à la fontaine. Tout était désert : le vent froid du soir soufflait déjà de la colline, et des nuages gris chargés de pluie descendaient sur la vallée. De loin, j'aperçus un homme, qui portait une mauvaise houppelande verte ; il grimpait çà et là entre les rochers et paraissait chercher des plantes. J'approchai ; au bruit que je fis, il regarda autour de lui ; je vis une intéressante physionomie, dont le principal caractère était une mélancolie douce, mais qui n'exprimait du reste qu'une âme honnête. Des épingles relevaient ses cheveux partagés en deux boucles ; le reste tombait en forte tresse par derrière et pendait sur son cou. Comme sa mise révélait un homme du commun, je pensai qu'il ne prendrait pas la chose en mauvaise part si je faisais quelque remarque sur son occupation, et je lui demandai ce qu'il cherchait.

— Je cherche, me répondit-il avec un profond soupir, je cherche des fleurs, et je n'en trouve pas.
— Ce n'est pas la saison, fis-je en souriant.
— Oh ! il y a tant de fleurs ! reprit-il en venant à moi. Dans mon jardin, il y a des roses, et deux espèces de chèvrefeuilles, dont une m'a été donnée par mon père. Cela pousse comme la mauvaise herbe, et cependant depuis deux jours, j'en cherche, et je ne puis pas en trouver. A la maison, il y a toujours des fleurs, des jaunes, des bleues et des rouges : la centaurée aussi a une belle petite fleur. Je n'en puis trouver aucune.

Je remarquai en lui un certain air égaré, et, prenant un détour, je lui demandai :

— Que voulez-vous faire de ces fleurs ?

Un sourire étrange, convulsif, bouleversa son visage.

— Ne me trahissez pas, dit-il en posant son doigt sur ses lèvres ; j'ai promis un bouquet à ma bien-aimée.

— C'est très-bien ! répondis-je.

— Oh! fit-il, elle a bien d'autres choses : elle est riche !

— Et cependant, repris-je à mon tour, elle tient à votre bouquet?

— Oh poursuivit-il, elle a des bijoux, une couronne.

— Et comment s'appelle-t-elle ?

— Si les États voulaient me payer, reprit-il, je serais un autre homme. Il y a eu un temps où tout allait bien pour moi ; mais ce temps-là est passé. Maintenant je suis....

Un regard humide, jeté au ciel, exprima sa pensée.

— Alors étiez-vous heureux? lui demandai-je.

— Oh! répondit-il, je voudrais être encore comme j'étais. J'étais si bien, si content... à l'aise, comme le poisson dans l'eau.

— Henri ! cria une vieille femme qui parut sur le chemin, Henri, où es-tu fourré? Nous t'avons cherché partout : viens dîner.

— Est-ce votre fils? lui demandai-je en allant vers elle.

— Hélas ! oui, répondit-elle, mon malheureux fils. Dieu m'a imposé une bien lourde croix.

— Y a-t-il longtemps qu'il est ainsi ?

— Aussi doux ? reprit-elle ; environ six mois. Je remercie encore Dieu que le mal se soit arrêté là. Il a été auparavant furieux pendant toute une année. On l'avais mis à la chaîne dans une maison de fous. Maintenant il ne fait rien à personne ; seulement il n'est jamais occupé que de rois et d'empereurs. Ah ! monsieur, il était si bon, si doux ! il m'aidait beaucoup. Une écriture superbe ! Tout d'un coup il devint songeur, tomba dans une fièvre brûlante, puis dans la folie. Maintenant il est comme vous voyez. Ah ! monsieur, si je vous racontais...

J'arrêtai ce déluge de paroles avec une question.

— Quel est donc ce temps, qu'il vante si fort, où il était si heureux, où il se trouvait si bien ?

— Ah ! le pauvre fou ! répondit-elle avec un sourire plein de compassion, ce temps-là qu'il vante toujours, c'est celui où il était tout à fait sans raison ; c'est le temps où il était dans une maison de fous, où il ne savait plus rien de lui-même.

Cette réponse-là tomba sur moi comme un coup de tonnerre. Je lui mis une pièce dans la main, et je m'éloignai en toute hâte.

« C'est alors que tu étais heureux, me disais-je, tout en regagnant promptement la ville, c'est alors que tu étais comme le poisson dans l'eau. Dieu du ciel ! as-tu voulu que ce fût là le destin des hommes ? qu'ils ne fussent heureux qu'avant d'avoir acquis leur intelligence, ou qu'après l'avoir perdue ? Pauvre misérable ! Et pourtant j'envie ta folie et ce trouble d'esprit dans lequel tu languis. Tu t'en vas, plein d'espérance, cueillir des fleurs pour ta reine, en hiver, et tu te plains de n'en trouver point, et tu ne comprends pas pourquoi tu n'en peux trouver ; et moi, je vais sans espérance, je sors sans but, et je rentre comme je suis sorti. Tu te figures quel homme tu serais si les États voulaient te payer. Créature fortunée ! qui peux attribuer ton manque de bonheur à un obstacle terrestre ; tu ne sens pas, tu ne vois pas que c'est dans ton cœur brisé, dans ton cerveau détraqué que gît ton malheur, auquel ne pourraient rien tous les rois de la terre ! Ah ! puisse-t-il périr sans consolation, celui qui raille un malade allant vers les sources lointaines pour soulager sa maladie et adoucir sa vie douloureuse ; celui qui triomphe superbement devant les angoisses d'un cœur entreprenant le pèlerinage du Saint-Sépulcre pour désarmer ses remords ou calmer ses cuisants chagrins ! Chaque pas qui ensanglante ses talons sur la terre âpre, où nul sentier n'est frayé, apporte une consolation à son âme en peine ; à chaque nouvelle journée du rude voyage, le cœur se débarrasse d'une angoisse et bat plus légèrement, et vous osez nommer cela folie, vous autres marchands de paroles, assis sur vos coussins moelleux !... Folie !... O Dieu ! tu vois mes larmes : devais-tu, toi qui as fait l'homme si malheureux déjà, devais-tu lui donner des frères qui lui enlèvent le peu de courage et le peu de confiance qu'il a reçu de toi, de toi, amour infini ? La confiance en une racine qui soulage, ou dans les larmes de la vigne, qu'est-ce donc autre chose que la confiance en toi, puisque c'est toi qui as placé dans tout ce qui nous entoure et la force qui guérit et celle qui adoucit la souffrance, dont nous avons à chaque instant besoin. Oh ! Père que je ne connais pas ! Père, qui jadis remplissais mon âme tout entière, et qui maintenant as détourné de moi ta face, rappelle-moi vers toi. Ne te tais pas plus longtemps : ton silence, mon âme accablée ne le supporterait plus. Est-ce qu'un homme, un père, pourrait s'irriter du retour de son fils épuisé de fatigue, et qui se jette à son cou et lui dit : « Mon père ! je reviens ! ne t'irrite pas si j'abrége le voyage, que j'aurais dû continuer pour t'obéir. Le monde est partout le même ; partout peine et travail, récompense et plaisir... Mais qu'est-ce que tout cela pour moi ? Je ne suis bien que là où tu es, et c'est devant ta face que je veux souffrir ou être heureux. » O Père céleste et bien-aimé, ce fils, est-ce que tu le rejetteras de toi ?

1er décembre.

Wilhelm, cet homme dont je parle, cet heureux infortuné, il était commis chez le père de Charlotte ; il nourrissait pour elle une passion secrète. Il la découvrit et fut renvoyé ; il devint fou. Par ces quelques mots bien secs, tu comprendras dans quels transports m'a dû jeter cette histoire, qu'Albert m'a racontée froidement, comme tu la liras sans doute.

4 décembre.

Une prière ! vois-tu, c'en est fait de moi. Je ne puis supporter cela plus longtemps. Aujourd'hui j'étais assis près d'elle ; elle jouait sur son clavecin diverses mélodies, et avec une expression, oh ! une expression ! que puis-je te dire ? Sa petite sœur habillait sa poupée sur mes genoux. Il m'est venu des larmes dans les yeux. J'ai penché la tête... j'ai aperçu son anneau de mariage. Mes larmes ont coulé. Tout à coup elle joua une vieille mélodie, d'une douceur céleste ; et avec elle une consolation ineffable se glissa dans mon âme, et en même temps le souvenir du passé, du temps où j'écoutais cette mélodie, de l'intervalle douteux et incertain qui suivit, puis de mon trouble, puis de mes espérances brisées et évanouies; je marchais çà et là dans la chambre; mon cœur battait à se rompre ! « Pour l'amour de Dieu, lui dis-je en allant tout à coup vers elle et en l'interrompant, pour l'amour de Dieu, finissez! » Elle s'arrêta, et me regardant fixement : « Werther, me dit-elle avec un sourire qui me traversa l'âme, Werther, vous êtes bien malade. Vos mets favoris vous répugnent. Voyons ! je vous en prie, calmez-vous ! » Je m'arrachai d'auprès d'elle. Dieu, tu vois mon malheur, tu y mettras fin.

6 décembre.

Comme cette image me poursuit! que je veille, que je rêve, elle remplit toute mon âme. Ici, quand je ferme les yeux, ici, dans mon front, où se concentrent toutes les forces visuelles, ses yeux noirs y sont toujours; ici... je ne puis pas expliquer cela; si j'ouvre les miens, je les retrouve encore, toujours, immobiles comme l'abîme, devant moi, en moi!

Qu'est-ce que l'homme, ce demi-dieu si vanté? Est-ce que ses forces ne s'évanouissent pas au moment où il en a le plus besoin? Qu'il s'exalte dans la joie, qu'il s'abatte dans la douleur, ne sera-t il point, dans les deux cas, resserré en ses étroites limites et ramené au sentiment froid de sa petitesse, quand il brûlait de se répandre dans l'immensité de l'infini?

L'ÉDITEUR AU LECTEUR

L'ÉDITEUR AU LECTEUR

J'aurais vivement désiré qu'il nous fût resté sur les derniers jours si intéressants de notre ami, assez de renseignements écrits de sa propre main pour ne pas être obligé d'interrompre, par le récit, la suite des lettres qu'il a laissées.

Je me suis du moins attaché à recueillir les informations les plus exactes de la bouche de ceux qui pouvaient connaître son histoire. Elle est simple, et, à l'exception de quelques particularités insignifiantes, tous les récits sont parfaitement d'accord jusque dans les plus futiles circonstances. Il n'y a de dissentiment que sur la façon de juger les intentions et le caractère des personnes qui ont été mêlées à notre drame.

Il ne nous reste plus qu'à raconter exactement ce que nous avons appris à grand'peine, en intercalant dans le récit toutes les lettres, et jusqu'aux plus petits billets du défunt. Il n'est pas si facile de découvrir la cause vraie, les motifs déterminants de l'action la plus simple, quand c'est l'action d'un homme qui sort de la ligne ordinaire!

Le chagrin et le découragement avaient jeté dans l'âme de Werther des racines de plus en plus profondes ; elles s'entrelaçaient plus étroitement l'une l'autre, et, de proche en proche, s'emparaient de tout son être. L'harmonie de son esprit était complétement brisée. Une violence et une ardeur qui mettaient en guerre toutes les puissances de sa nature produisirent les plus désastreux effets, et il tomba bientôt dans un abattement qui rendait ses angoisses plus poignantes que tous les maux contre lesquels il avait lutté jusque-là. Cette angoisse de son cœur consuma les dernières forces de son esprit ; il perdit sa vivacité et sa pénétration. Il devint un triste compagnon, toujours plus malheureux, et, à mesure qu'il était plus malheureux, plus injuste par cela même. C'est du moins ce que disent les amis d'Albert. Ils prétendent que Werther n'avait pu apprécier cet homme honnête et paisible, qui, possesseur d'un bien depuis longtemps convoité, désirait naturellement le conserver pour l'avenir ; tandis que lui, Werther, dissipait sa fortune au jour le jour, ne réservant pour le soir que la souffrance et la faim ! Albert, continuent-ils, n'avait pas changé en si peu de temps. Il était toujours ce même Albert que Werther, au commencement de leurs relations, avait chéri et honoré. Il aimait Charlotte par-dessus tout, il était fier d'elle, et il voulait que chacun la regardât comme la plus aimable créature du monde. Était-il donc à blâmer s'il voulait éloigner d'elle jusqu'à l'ombre du soupçon, et si maintenant il ne trouvait aucun plaisir à partager ce précieux trésor avec qui que ce fût, même de la façon la plus innocente? Ils avouent bien qu'Albert quittait presque toujours la chambre de sa femme quand Werther arrivait, mais non par haine ou par éloignement de son ami, au contraire parce qu'il sentait bien que sa présence le gênait.

Le père de Charlotte tomba malade et garda la chambre. Il envoya sa voiture pour la prendre. C'était une belle journée d'hiver. La première neige était tombée en abondance ; elle couvrait toute la campagne.

Le lendemain Werther alla chez le bailli pour ramener Charlotte, si Albert ne venait pas le chercher.

La sérénité de l'atmosphère ne put rien sur son esprit troublé. Une sombre oppression pesait sur son âme; de pénibles images se pressaient autour de lui, et tout le mouvement de son cœur n'était plus que le passage d'un chagrin à un autre chagrin. Comme il n'était jamais en paix avec lui-même, l'état des autres lui semblait aussi toujours plus agité et plus critique. Il croyait avoir détruit la bonne intelligence entre le mari et la femme, et là-dessus il se faisait des reproches dans lesquels il se mêlait aussi un secret dépit contre Albert.

Chemin faisant, ses réflexions se portèrent sur cet ojbet. « Oui, oui, se disait-il à lui-même avec une fureur concentrée, la voilà bien, cette union si intime, si douce, si sympathique et si tendre; oh! l'inébranlable et constante fidélité, vraiment! Indifférence et satiété, voilà tout! Est-ce que la première affaire venue ne l'occupe pas autant que cette chère et précieuse femme? Sent-il du moins le prix de son bonheur? sait-il faire d'elle le cas qu'elle mérite? Elle est à lui, c'est bien! Elle est à lui! eh! mon Dieu, je sais cela, comme je sais autre chose... Je croyais être accoutumé à cette pensée... elle me rendra fou, elle me tuera... Et son amitié pour moi, comment se trouve-t-elle de tout cela? Ne voit-il pas dans mon attachement à Charlotte une atteinte à ses droits? Mes attentions pour elle ne lui semblent-elles point un reproche muet? Oh! je le sais, je le sens, il me voit d'un mauvais œil, il veut que je m'éloigne : ma présence lui pèse! »

Tantôt il ralentissait sa marche furieuse, puis, tout à coup il s'arrêtait et paraissait vouloir revenir sur ses pas; enfin, il reprit sa course et marcha devant lui. Ce fut au milieu de ses pensées, et en se parlant toujours à lui-même, qu'il arriva, comme malgré lui, à la maison de chasse.

Il entra et demanda des nouvelles du vieillard et de Charlotte; il trouva la maison un peu en émoi. L'aîné des enfants lui dit qu'un malheur était arrivé à Wahlheim, qu'un paysan avait été tué. Cela ne fit pas d'autre impression sur lui. Il entra dans la chambre, et trouva Charlotte occupée à faire des observations au vieillard, qui, malgré sa maladie, voulait se rendre au village pour informer sur les lieux mêmes. L'auteur était encore inconnu. On avait trouvé la victime devant la porte de la maison. On avait déjà des probabilités. Le cadavre était celui d'un domestique au service d'une veuve, qui, auparavant, avait eu à son service un autre garçon parti de la maison depuis quelque temps, après des difficultés.

Quand Werther entendit cela, il sortit avec précipitation. « Est-ce possible? s'écriait-il; il faut que j'y aille! Je ne puis rester une seule minute. » Il courut à Wahlheim. Tous les souvenirs étaient si vifs en lui, qu'il ne put douter un moment que le criminel ne fût ce même jeune homme, avec lequel il avait si souvent parlé, et qui lui était si cher.

Il lui fallut passer sous les tilleuls pour se rendre au cabaret où l'on avait déposé le cadavre ; il s'éloigna promptement de cette place autrefois tant aimée. Le seuil de cette porte, sur lequel les enfants du voisinage avaient si souvent joué, était souillé de sang. L'amour, la fidélité, les plus beaux sentiments des hommes, s'étaient changés en meurtre et en violence; les grands arbres étaient sans feuillage, tout dépouillés. Les belles haies qui s'arrondissaient en berceau sur les petits murs du cimetière étaient maintenant effeuillées, et, à travers leurs éclaircies, on apercevait les pierres des morts couvertes de neige.

Comme il approchait du cabaret, devant lequel tout le village s'était rassemblé, un cri se fit entendre. Il s'arrêta. On voyait de loin une troupe d'hommes armés, et quelqu'un dit qu'on amenait le malfaiteur. Werther le vit et ne put pas douter bien longtemps. C'était ce garçon, si amoureux de la veuve, qu'il avait rencontré quelque temps auparavant, errant dans les environs, en proie à une douleur silencieuse et à un secret désespoir.

« Qu'as-tu fait, malheureux? » cria Werther en s'approchant du prisonnier.

Celui-ci regarda doucement, resta silencieux, puis enfin répondit d'une façon très-calme :

« Personne ne l'aura ; elle n'aura personne. »

On fit entrer le prisonnier dans le cabaret et Werther s'en alla.

Ces émotions puissantes et mêlées d'inquiétude secouèrent violemment toutes les douleurs qu'il portait dans son sein. Il fut tout à coup arraché à son chagrin, à sa mélancolie, à son abattement. Une irrésistible compassion s'empara de lui, et il éprouva un indicible désir de sauver ce jeune homme. Il le sentait si malheureux, qu'il le regardait comme innocent, malgré l'assassinat. Il se mettait si bien à sa place, qu'il était persuadé de convaincre aussi les autres. Déjà il eût voulu parler pour lui ! déjà le discours éloquent se pressait sur ses lèvres. Il courut à la maison de chasse, et, chemin faisant, il ne pouvait s'empêcher de répéter à demi-voix ce qu'il allait dire au bailli.

Il trouva Albert dans la chambre. La présence de celui-ci l'arrêta un instant; cependant il se remit bientôt, et il exposa son opinion au bailli avec beaucoup de feu. Celui-ci secoua plusieurs fois la tête, et, quoique Werther dît tout ce que l'on peut dire pour excuser un homme, et avec autant de vérité, de vivacité et de passion qu'on en puisse mettre, cependant, comme on se l'imagine, il ne parvint pas à toucher le bailli ; bien plus, celui-ci interrompit notre ami, lui répliqua vertement, et le blâma de prendre la défense d'un meurtrier. Il lui prouva que, de cette façon, les lois se trouvaient violées et la sécurité de l'État complétement anéantie. Il lui démontra de plus que, dans une telle cause, le bailli lui-même ne pouvait rien faire sans encourir la plus grave responsabilité ; tout devait se passer dans l'ordre voulu et selon les règles prescrites.

Werther ne se rendit pas ; il demanda seulement que le bailli voulût bien fermer les yeux si l'on tentait quelque chose pour favoriser une évasion. Le bailli n'accorda même pas cela. Albert, qui se mêla enfin à la conversation, passa du côté du vieillard. Werther fut réduit au silence. Il sortit en proie à une exaltation passionnée, et pendant que le bailli répétait encore : « Non, on ne doit pas le sauver. »

Que ces paroles soient arrivées jusqu'à lui, c'est ce que nous pouvons conclure d'un fragment trouvé parmi ses papiers, et, selon toute probabilité, écrit le même jour.

« On ne peut te sauver, malheureux ! Je le vois bien... on ne peut *nous* sauver. »

Ce qu'Albert avait dit de l'affaire devant le bailli fut particulièrement désagréable à Werther ; il crut y avoir remarqué certain ressentiment contre lui, et, bien que, s'il y eût réfléchi davantage, il n'eût pas échappé à sa pénétration qu'après tout ces deux hommes pouvaient avoir raison, cependant il lui semblâ que, s'il en faisait l'aveu, s'il cédait, il démentirait ses sentiments les plus intimes.

La petite note suivante, qui exprime sans doute sa façon de penser vis-à-vis d'Albert, se trouva dans ses papiers :

« Que me sert-il de dire et de redire : « Il est bon, « il est honnête, mais il me déchire le cœur! » Je ne puis être juste ! »

La soirée était belle : le temps commençait à se mettre au dégel, Charlotte revint à pied avec Albert. Sur la route, elle regarda plusieurs fois autour d'elle, comme si la compagnie de Werther lui eût manqué. Albert se mit à parler de lui; il le blâma, tout en lui rendant justice. Il se plaignit de sa malheureuse passion, et exprima le désir qu'il fût possible de l'éloigner. « Je le voudrais aussi pour nous, dit-il, et je t'en prie, continua-t-il en se retournant vers Charlotte, tâche de changer ses façons d'être avec toi; qu'il rende plus rares ses trop fréquentes visites. On commence à les remarquer, et je sais qu'on en a parlé autour de nous. » Charlotte se tut, et Albert parut avoir compris son silence. Depuis ce temps, il ne parla plus de Werther devant elle, et, quand elle en parlait devant lui, il laissait tomber, ou bien il détournait la conversation.

La tentative ardente de Werther pour sauver le malheureux fut comme les derniers jets de flamme de cette lumière qui s'éteignait. Depuis ce moment, il tomba plus profondément encore dans l'inactivité et la mélancolie. On le mettait hors de lui quand on disait qu'on le citerait peut-être en témoignage contre cet homme, qui prenait maintenant le parti de nier.

Tout ce qui lui était jamais arrivé de désagréable dans sa vie agitée, ses ennuis à l'ambassade, toutes les mésaventures qui l'avaient jadis irrité, passaient et repassaient maintenant dans son esprit. Tout cela semblait à ses yeux justifier son inactivité; toute perspective fut coupée devant lui. Incapable de saisir quoi que ce fût de cette main vigoureuse avec laquelle il faut s'emparer des choses de la vie commune, il revint enfin, et tout entier, à ses étranges désirs ; rêveur, en proie à une passion sans remède, et plongé dans l'éternelle monotonie des plus déplorables relations avec une créature aimable et bien-aimée dont il détruisait la paix ; emporté dans la tempête de ses forces surexcitées, sans objet et sans but, et chaque jour plus près de sa lamentable fin.

Quels devaient être son trouble, son délire, sa passion furieuse, ses tourments, ses combats, son dégoût de la vie ! on en trouve les indices les plus certains dans quelques-unes des lettres qu'il a laissées. Nous les insérons ici.

12 décembre.

« Cher Wilhelm, je suis dans un état où doivent s'être trouvés les malheureux qu'on croyait jadis possédés du malin esprit. Parfois cela me saisit : ce n'est pas l'angoisse, ce n'est pas le désir, c'est une sorte de tumulte intérieur inconnu, et qui menace de faire éclater ma poitrine : ma gorge est serrée. Malheur! malheur! dans ces moments-là j'erre au milieu des scènes nocturnes de la nature, si redoutables en cette saison ennemie des hommes.

« Hier soir il a fallu sortir. Le dégel était survenu tout à coup. J'avais entendu dire que la rivière était débordée, les ruisseaux gonflés, et, depuis Wahlheim jusqu'ici, ma douce vallée tout inondée. Pendant la nuit, vers onze heures, je courus là-haut; c'était un spectacle effrayant à contempler du haut des rochers : ces flots furieux, qui tourbillonnaient sous le rayon de la lune, couvrant les champs, les haies et les prairies; en haut, en bas, partout, la vaste vallée n'était plus qu'une mer orageuse s'agitant au souffle du vent; puis, quand la lune, un moment disparue, se montrait de nouveau, reposant sur les nuages sombres, et que devant moi les flots, avec un rejaillissement de lumière magnifique et terrible, roulaient et retentissaient, un frisson tombait sur moi avec un désir. Oh! les bras ouverts, je me penchais vers le gouffre, et je soupirais : « Là-bas! là-bas! » et je me perdais dans cette pensée délicieuse : « Mes souffrances, « mes tourments, tout abîmer là-bas, puis au loin, « gronder avec ces vagues... Oh! et tu ne peux pas « lever le pied du sol et finir tes maux! Non! mon « heure n'est pas encore arrivée : je le sens. » Oh! Wilhelm, j'aurais volontiers donné mon existence d'homme pour, avec l'ouragan, déchirer les nuages et soulever les flots ! Ah ! le prisonnier n'aura-t-il point une fois sa part de tant de délices ?

« Avec quelle douleur, en abaissant mes regards, je vis une petite place — où je m'étais reposé sous un saule avec Charlotte, après une promenade d'été, — maintenant toute submergée ; c'est à peine si je pus reconnaître le saule. Et ces prairies, Wilhelm, et toute la campagne autour de la maison de chasse ! « Et nos « berceaux, me disais-je à moi-même, comme ce tor- « rent furieux les a renversés ! » Et le rayon d'or des jours passés sourit au dedans de moi, comme sourit au prisonnier un rêve de troupeaux, de prairies, ou d'ambitions et d'honneurs. J'étais là debout... mais non ! je ne m'en veux pas, car j'ai le courage de mourir. J'aurais pu... et maintenant, me voici comme une vieille qui mendie son pain aux portes, son bois aux haies, pour prolonger d'un instant et soulager sa vie misérable... une agonie lente ! »

4 décembre.

« Qu'est-ce donc, mon ami ? à présent, j'ai peur de moi-même ! Mon amour pour elle n'est-il pas le plus saint, le plus pur, le plus fraternel des amours ? Ai-je jamais senti dans mon âme un désir coupable ? je ne veux pas jurer... et maintenant des rêves... Oh ! qu'ils ont raison, ceux qui attribuent ces effets contraires à des puissances ennemies ! Cette nuit — je frissonne rien que pour te le dire — je la tenais dans mes bras, serrée contre ma poitrine, et je couvrais de baisers sans nombre sa bouche qui balbutiait d'amour... mes yeux nageaient dans l'ivresse des siens... Dieu ! suis-je coupable si je trouve encore du bonheur à me rappeler, dans le fond de mon âme, ces joies brûlantes? Charlotte, Charlotte !... Mais c'en est fait de moi : mon intelligence s'égare ; depuis huit jours je n'ai pas une pensée ; mes yeux sont pleins de larmes ; je ne suis bien nulle part et je suis bien partout ; je ne désire rien, je n'aspire à rien. Il vaudrait mieux que je partisse. »

L'idée de quitter le monde avait pris, sous l'influence de ces circonstances, une force de plus en plus grande dans l'âme de Werther. Depuis son retour auprès de Charlotte, elle avait toujours été sa suprême espérance et sa dernière perspective. Mais il s'était dit que ce ne devait pas être une action folle et précipitée : il voulait faire ce dernier pas avec une conviction sérieuse et la fermeté la plus calme.

Ses doutes, ses combats avec lui-même, ressortent d'un fragment qui n'est probablement autre chose qu'un commencement de lettre à Wilhelm, trouvé dans ses papiers, et sans date.

« Sa présence, sa destinée, sa sympathie pour mon sort font jaillir les dernières larmes de mon cerveau calciné. Lever le rideau et passer derrière, voilà tout ! Pourquoi reculer? pourquoi frémir? Parce qu'on ne sait point ce qu'il y a là bas! parce qu'on n'en revient point, et que c'est le propre de notre esprit d'imaginer la confusion et les ténèbres partout où nous ne connaissons rien de positif et de certain. »

Enfin, il se familiarisa de plus en plus avec cette triste pensée ; il s'y attacha, et l'on trouve la preuve de son dessein désormais irrévocablement arrêté dans cette lettre ambiguë qu'il écrivait à son ami.

20 décembre.

« Je remercie ton affection, Wilhelm, d'avoir ainsi compris ce mot. Oui, tu as raison : il vaudrait mieux que je partisse. La proposition que tu me fais d'aller vous rejoindre, ma mère et toi, ne me convient pas tout à fait ; du moins je voudrais faire un détour, surtout au moment où nous pouvons espérer une gelée durable et de bons chemins.

« Je suis enchanté que tu veuilles bien venir me chercher; seulement accorde-moi encore une quinzaine de jours, et attends une lettre de moi, avec des nouvelles ultérieures : il ne faut jamais cueillir le fruit avant qu'il soit mûr. Quinze jours de plus ou de moins, cela fait beaucoup. Ne manque pas de dire à ma mère de prier pour son fils. Dis-lui que je lui demande pardon de la peine que je lui ai faite. Il était dans ma destinée d'apporter des chagrins à ceux-là même à qui je voulais donner de la joie. Adieu, ami cher; toutes les bénédictions du ciel sur ta tête... Adieu! »

Que se passait-il alors dans l'esprit de Charlotte? quels sentiments éprouvait-elle, et pour son mari et pour son malheureux ami? C'est ce que nous n'oserions pas exprimer avec des paroles, bien que, d'après notre connaissance de son caractère, il nous soit facile de nous en faire une juste idée. Une belle âme de femme sympathisera avec elle et la comprendra.

Ce qu'il y a de certain, c'est qu'elle était bien résolue à tout pour éloigner Werther; si elle différait encore, c'était par un sentiment de nobles et affectueux égards : elle savait tout ce qu'il en coûterait à Werther; elle savait qu'il lui serait presque impossible de partir. Une détermination, dans de telles circonstances, était accompagnée d'une profonde angoisse. Elle cacha cette résolution à son mari, comme elle lui avait caché le reste, et cela même était un motif de plus de vouloir prouver par ses actions qu'elle était digne de ce qu'il ressentait pour elle.

Le jour même où Werther avait écrit à son ami la lettre que nous avons insérée se trouvait être le dimanche d'avant Noël. Le soir, il alla voir Charlotte et la trouva seule; elle s'occupait à mettre en ordre des pièces de comédie qu'elle avait arrangées pour les enfants, comme cadeaux de Noël. Il parla du plaisir qu'auraient les petits, et du temps où l'ouverture inattendue d'une porte et l'apparition d'un arbre paré de cierges, de sucreries et de pommes le jetaient dans des extases célestes.

— Vous aussi, dit-elle en cachant son embarras sous un sourire aimable, vous aussi vous aurez votre présent, si vous êtes sage : un gros cierge et quelque chose encore.

— Et qu'appelez-vous être sage? demanda-t-il ; comment puis-je être? comment dois-je être, chère Charlotte?

— Jeudi soir, dit-elle, c'est Noël : les enfants viendront, mon père aussi : chacun aura son cadeau. Venez aussi, mais pas avant !

Werther était tout interdit.

— Je vous en prie, continua-t-elle, qu'il en soit ainsi ; je vous en prie, pour mon repos ! Cela ne peut pas, non, cela ne peut pas durer !

Il détourna les yeux, marcha de long en large dans la chambre en murmurant entre ses dents : « Cela ne peut pas durer! »

Charlotte, qui sentait dans quel état terrible l'avaient jeté ses paroles, s'efforça par diverses questions de détourner ses pensées. Tout fut inutile. — Non, Charlotte, disait-il, je ne vous verrai plus.

— Pourquoi cela? répondait-elle. Werther, vous pouvez, vous devez nous voir; seulement, soyez maître de vous. Oh! pourquoi faut-il que vous soyez né avec cette violence, cette passion fougueuse et indomptable pour tout ce qui vous attache une fois? Oh! je vous en supplie, poursuivit-elle en lui prenant la main, soyez donc maître de vous ; votre esprit, vos talents, vos connaissances vous assurent tant de jouissances! Soyez un homme ; donnez un autre objet à ce triste attachement pour une créature qui ne peut rien... rien que vous plaindre.

Il serra les dents et la regarda d'un air farouche. Elle lui prit la main. « Werther, continua-t-elle, seulement un instant de réflexion calme : ne sentez-vous pas que vous vous égarez, que vous vous perdez à plaisir? Pourquoi faut-il que ce soit moi, moi le bien d'un autre, précisément moi? Je crains, oui, je crains que ce ne soit justement cette impossibilité de me posséder qui séduise à ce point vos désirs. »

Il retira sa main, et la contempla avec des yeux fixes et pleins de dépit : — Profond, dit-il, très-profond! cette remarque est sans doute d'Albert! Politique, très-politique !

— Chacun peut la faire, reprit-elle encore une fois. Le monde est grand ; n'y a-t-il point une autre jeune fille capable de remplir les vœux de votre cœur? Prenez cela sur vous; cherchez, et, je vous le jure, vous trouverez. Voilà longtemps que je m'afflige, et pour vous et pour nous, de l'isolement dans lequel vous vous confinez. Encore une fois, obtenez cela de vous. Un voyage vous fera, devra vous faire du bien ; cherchez, trouvez un objet digne de votre amour : ramenez-le près de nous, et tous ensemble nous goûterons la félicité que donne une amitié véritable.

— On pourrait, répondit-il avec un froid sourire,

faire imprimer tout cela et le recommander aux instituteurs : chère Charlotte, accordez-moi encore quelques jours de répit. Tout s'arrangera.

— Voyons! Seulement cela, Werther, ne revenez pas avant le soir de Noël.

Il voulut répondre; Albert entra dans la chambre.

Les deux hommes se souhaitèrent un bonsoir glacial, et ils marchèrent dans la chambre l'un auprès de l'autre assez tristement. Werther commença de parler et se tut bientôt; Albert, de son côté, questionna sa femme à propos de commissions, et, comme il apprit qu'elles n'étaient pas faites, il lui adressa quelques mots qui semblèrent froids à Werther, et même assez durs. Il voulait s'en aller et il ne pouvait pas : il attendit jusqu'à huit heures. Son dépit et sa mauvaise humeur augmentaient; on mit la table : il prit son chapeau et sa canne. Albert l'engagea à rester; il prit cela pour une invitation banale, remercia froidement et sortit.

Il revint chez lui, prit la lumière des mains de son domestique, qui voulait l'éclairer, et entra seul dans sa chambre. On l'entendit pleurer; il s'adressait à lui-même des propos interrompus; il arpentait fiévreusement la chambre. Enfin il se jeta tout habillé sur son lit, où son domestique le trouva quand il prit sur lui d'entrer vers les onze heures pour demander s'il ne fallait point tirer les bottes de monsieur. Il le laissa faire et ordonna qu'on n'entrât pas dans sa chambre avant qu'il eût appelé.

La lundi matin (c'était le 21 décembre), il commença la lettre suivante, qu'après sa mort on a trouvée toute cachetée sur son pupitre, adressée à Charlotte, et qu'on lui porta. Nous la publierons, mais par fragments détachés, et dans l'ordre du récit, comme il semble lui-même l'avoir écrite.

« C'est décidé, Charlotte, je veux mourir. Je te l'écris sans exaltation romanesque, le matin du jour où je te verrai pour la dernière fois. Quand tu liras ceci, ma bien chère, déjà la froide tombe couvrira les restes inanimés du malheureux, sans repos désormais, qui, pour les derniers instants de sa vie, ne connaît pas de plus douce joie que de s'entretenir avec toi.

« Je viens d'avoir une nuit terrible, et pourtant, hélas! une nuit bienfaisante; c'est elle qui a déterminé et raffermi ma résolution : je veux mourir. Hier, quand je m'arrachai de toi, quelle surexcitation terrible de tous mes sens! quelle angoisse serrait mon cœur! Cette vie, qui languit près de toi, sans espérance et sans joie, elle me fait froid, elle me fait horreur! C'est à peine si je pus atteindre ma chambre. Tout hors de moi, je me jetai sur mes genoux; alors, ô mon Dieu! tu m'as accordé la suprême consolation des larmes amères! Mille projets et mille résolutions, tourbillonnaient dans mon âme; enfin une pensée immuable, invincible, la dernière, resta seule : mourir! Je me couchai, et le lendemain, dans la paix du réveil, elle était encore là, inébranlée, intacte, toute-puissante dans mon cœur. Je veux mourir! Ce n'est pas désespoir, c'est certitude que j'ai porté déjà plus que ma part de souffrances et que je me sacrifie pour toi. Oui, Charlotte, pourquoi le tairais-je? Il fallait qu'un de nous trois partît ; j'ai voulu que ce fût moi. O chère! cette tentation furieuse a rôdé autour de mon cœur déchiré... souvent... souvent... tuer ton mari, toi et moi après... il faut en finir! Quand tu monteras sur la colline, par un beau soir d'été, alors souviens-toi de moi, qui parcourus tant de fois cette vallée ; abaisse tes regards sur le cimetière, sur ma tombe, où le vent balancera les grandes herbes éclairées par les rayons du couchant... J'étais calme en commençant, et maintenant, car ces images me reviennent si vivantes! maintenant je pleure comme un enfant. »

Vers deux heures, Werther appela son domestique, et, en se faisant habiller, il lui dit qu'il allait faire un voyage de quelques jours ; qu'il fallait donc nettoyer les habits et se disposer à faire les malles. Il lui donna également l'ordre de demander les notes partout, de réclamer quelques livres prêtés, et de payer deux mois d'avance à quelques pauvres qui, d'habitude, recevaient de lui chaque semaines une petite aumône.

Il se fit servir dans sa chambre, et, en sortant de table, il alla à cheval chez le bailli, qu'il ne trouva point. Il se promena dans le jardin tout rêveur, et, jusqu'à la fin, parut vouloir rassembler en lui toute l'amertume de ses souvenirs.

Les enfants ne le laissèrent pas longtemps tranquille : ils le suivirent en sautant autour de lui, puis ils lui contèrent que, lorsque demain, et après-demain, et encore un jour, seraient arrivés, ils recevraient de Charlotte les présents de Noël, et ils lui décrivirent toutes les merveilles que se promettait leur jeune imagination. « Demain, reprit Werther, et après-demain, et un autre jour encore! » Il les embrassa de tout son cœur, et, comme il allait se retirer, le plus petit voulut lui dire quelque chose à l'oreille : il lui confia que ses grands frères avaient écrit des compliments de bonne année, si beaux, si beaux! un pour papa, un pour Albert et Charlotte, et puis un aussi pour M. Werther. Chacun recevrait le sien de bonne heure le premier jour de l'an. Ceci acheva d'accabler Werther; il donna quelque chose à l'enfant, monta à cheval, pria qu'on saluât le vieillard de sa part, et s'éloigna avec des larmes dans les yeux.

Il rentra chez lui vers cinq heures, recommanda à la servante d'avoir soin du feu et ordonna de l'entretenir jusqu'à la nuit; il ordonna également au domestique d'emballer ses livres et son linge et d'arranger les habits dans la malle.

C'est alors vraisemblablement qu'il écrivit le fragment suivant de sa dernière lettre à Charlotte :

« Tu ne m'attends pas : tu crois que je vais t'obéir et que je ne te reverrai point avant le soir de Noël. O Charlotte! aujourd'hui, ou jamais plus! Le soir de Noël, tu tiendras ce papier entre tes mains, tu frémiras et tu l'arroseras de tes chères larmes... Je veux! il faut! Oh! que cela me fait de bien d'avoir pris une résolution! »

Cependant Charlotte se trouvait dans une étrange

situation. D'après son dernier entretien avec Werther, elle avait compris combien il serait pénible pour elle de se séparer de lui, et ce que lui-même souffrirait s'il devait s'éloigner d'elle.

Elle avait dit, en passant, devant Albert, que Werther ne reviendrait pas avant le soir de Noël, et Albert était allé chez un bailli du voisinage pour terminer une affaire : il devait y rester la nuit.

Charlotte était seule ; aucun de ses frères et sœurs n'était autour d'elle : elle s'abandonnait à ses pensées, qui doucement erraient à l'entour de ses relations. Elle se voyait liée pour toujours à un homme dont elle connaissait l'amour et la fidélité, à qui elle était dévouée de tout son cœur, dont le calme et la solidité de caractère semblaient avoir été destinés par le ciel même à une bonne et digne femme qui en ferait la base de son bonheur à venir. Elle sentait ce qu'il serait toujours et pour elle et pour ses enfants. D'un autre côté, Werther lui était devenu bien cher. Dès le premier moment, la sympathie de leur caractère s'était si clairement manifestée! les longs rapports qu'ils avaient eus ensemble, tant de situations diverses qu'ils avaient subies tous deux, avaient fait sur son cœur une impression ineffaçable. Tout ce qu'il y avait d'intéressant dans ses sentiments, dans ses pensées, elle était habituée à le partager avec lui, et son éloignement menaçait de faire dans toute son existence un vide que rien désormais ne pourrait plus combler. Oh! si elle eût pu en ce moment le changer pour elle en un frère, qu'elle eût donc été heureuse! Si elle eût osé le marier à une de ses amies, elle eût pu espérer de rétablir complètement la bonne intelligence entre Albert et lui. Sa pensée parcourut le cercle entier de ses amies. A toutes elle trouva quelque chose à reprocher. Il ne s'en rencontra pas une à qui elle l'eût volontiers donné.

Et, après toutes ces profondes réflexions, elle sentit, sans oser toutefois se l'avouer, que le secret désir de son cœur était de le garder pour elle-même; et cependant elle se disait qu'elle ne pouvait, qu'elle ne devait pas le garder. Ce charmant et beau courage, si vif, si léger, et sachant si légèrement aussi se tirer de tout embarras, éprouvait maintenant les atteintes d'une mélancolie devant laquelle se fermait toute perspective de bonheur; son cœur était oppressé, et un nuage sombre passait sur ses yeux.

Il pouvait être six heures et demie quand elle entendit Werther monter l'escalier. Elle reconnut tout à coup son pas et sa voix qui la demandait. Comme le cœur lui battait à son approche, et, nous pouvons le dire, pour la première fois! Elle eût volontiers fait dire qu'elle n'y était pas : et, dès qu'il entra, elle lui jeta ces mots avec une sorte de trouble passionné :

— Vous n'avez pas tenu parole!
— Je n'ai rien promis, répondit-il.
— Du moins, reprit-elle, vous auriez dû avoir égard à la prière que je vous faisais pour notre repos à tous deux.

Elle ne savait pas trop bien ce qu'elle disait, ni même ce qu'elle faisait, car elle envoya chercher quel-

ques amies pour ne pas rester seule avec Werther.
Elle lui rendit des livres qu'il avait précédemment
apportés, et en demanda d'autres. Tantôt elle désirait
que ses amies arrivassent, et tantôt qu'elles ne pussent pas venir. La servante revint et dit que les amies
se faisaient excuser.

Elle voulait que la servante se tînt avec son ouvrage dans la pièce voisine, puis bientôt elle ne le
voulut plus. Werther allait et venait dans la chambre.
Elle s'approcha du clavecin et commença un menuet.
Le menuet n'allait pas. Enfin elle se remit, et s'assit
d'un air plus calme auprès de Werther, qui avait pris
sa place accoutumée sur le canapé.

— N'avez-vous rien à lire? demanda-t-elle.

Il n'avait rien.

— Eh bien, dit-elle, il y a dans mon tiroir votre
traduction de quelques chants d'Ossian ; je ne les ai
pas encore lus, car j'espérais toujours les entendre de
vous, mais cela n'a encore pu s'arranger.

Il sourit, et prit le poëme : en le prenant, il sentit
un frisson passer sur lui, et en le regardant ses yeux
se remplirent de larmes. Il se rassit et lut :

« Étoile du crépuscule, belle, tu étincelles dans
l'ouest ; au-dessus des nuages tu élèves ta tête rayon-
nante ; majestueuse, tu t'avances le long de la colline ;

que regardes-tu sur la bruyère? Les vents orageux se sont apaisés; de loin nous arrive le murmure des cascades. Les vagues mugissantes se jouent à l'entour des rochers lointains; au-dessus des champs bourdonnent par essaims les insectes du soir. Que regardes-tu, ô douce lumière? Mais tu souris et tu passes; les vagues roulent joyeuses autour de toi et baignent ta chevelure aimable. Adieu, rayon paisible; et toi, brille, noble lumière de l'âme d'Ossian.

« Et elle brille dans sa force! Je vois mes amis absents; ils se rassemblent sur Lora, comme dans les jours qui sont passés. Fingal vient comme un humide brouillard; ses héros sont autour de lui, et, vois! avec eux les bardes du chant, Ullin aux cheveux gris, le majestueux Ryno, Alpin le chantre aimable, et toi, Minona aux douces plaintes. Que vous êtes changés, ô mes amis, depuis les jours heureux de Selma, quand nous luttions pour le prix du chant! comme les souffles du printemps tour à tour sur la colline courbent l'herbe qui faiblement murmure!

« Voici Minona qui marche dans sa beauté, le regard baissé et les yeux pleins de larmes. Ses cheveux épars flottent au vent inquiet qui souffle de la colline. Quand elle éleva sa douce voix, il fit sombre dans l'âme des héros, car souvent ils avaient vu le tombeau de Salgar, souvent la sombre demeure de la blanche Colma... Colma, délaissée sur la montagne, seule avec sa voix harmonieuse. Salgar avait promis de revenir; mais déjà la nuit se répand autour d'elle. Écoutons la voix de Colma, quand elle était assise sur la colline, seule.

COLMA.

« Il est nuit. Je suis seule, perdue sur la colline orageuse. Le vent gémit dans les montagnes : le torrent tombe des rochers, mugissant. Aucune cabane ne m'abrite de la pluie, moi, abandonnée sur la colline orageuse.

« Sors donc, ô lune, sors de tes nuages. Brillez, étoiles de la nuit; qu'un rayon conduise mes pas errants au lieu où mon amant se repose des fatigues de la chasse, à côté de lui son arc détendu, autour de lui ses chiens haletants. Mais faut-il que je m'assoie seule ici sur ce rocher, près du torrent gonflé? Le torrent gronde, et aussi la tempête : je n'entends pas la voix de mon bien-aimé.

« Pourquoi tarde-t-il, mon Salgar? A-t-il oublié sa parole? Voilà le champ, voilà l'arbre, voilà bien le torrent mugissant! Tu m'avais promis pourtant d'être ici avec la nuit qui tombe; où mon Salgar s'est-il égaré? Avec toi je voulais fuir, abandonner mon père et mon frère; les orgueilleux! depuis longtemps nos races sont ennemies; mais nous ne sommes pas ennemis, nous, ô Salgar !

« Tais-toi un instant, ô vent, seulement un instant, ô torrent, que ma voix retentisse à travers la vallée, et qu'il l'entende, lui, mon amour errant! Salgar, c'est moi, moi qui t'appelle. Voici l'arbre et voici le rocher. Salgar, mon bien-aimé, me voici! pourquoi tardes-tu?

« Vois! la lune brille : le ruisseau scintille dans la

vallée, les rochers gris se dressent sur la colline ; mais je ne vois rien sur la hauteur ; ses chiens, courant devant lui, n'annoncent pas sa venue ; il faut que je reste ici, seule.

« Mais qui donc, qui donc ceux-là, couchés là-bas sur la bruyère ? mon amant ? mon frère ? Mais parlez donc, ô mes amis ! Ils ne répondent pas ! comme mon cœur se serre !... Morts ! ah ! ils sont morts ! leurs glaives rouges du carnage ! Mon frère, mon frère, pourquoi as-tu tué mon Salgar ? ô mon Salgar, pourquoi as-tu tué mon frère ? tous deux vous m'étiez si chers ! Tu étais beau sur la colline, beau entre mille ! il était effrayant dans la bataille ! Répondez-moi ; écoutez ma voix, ô mes bien-aimés ! Mais, hélas ! ils sont muets, muets pour toujours, et leur sein est froid comme la terre. Parlez-moi du haut des rochers de la colline, de la cime orageuse de la montagne ; parlez, esprits des morts, parlez, je n'aurai pas peur. Où êtes-vous allés chercher le repos ? dans quelle caverne vous trouverai-je ? Je ne saisis point dans le vent la plus faible voix ; et le souffle d'une réponse ne passe point dans la tempête.

« Je m'assieds dans ma douleur ; j'attends le matin dans mes larmes. Creusez la tombe, amis des morts, mais ne la fermez point avant que je ne vienne. Ma vie s'évanouit comme un rêve ! Pourquoi retournerais-je ? c'est ici que je veux demeurer avec ceux que j'aimais, près du torrent aux rochers retentissants. Quand il fera nuit sur la hauteur et que le vent passera sur la bruyère, mon esprit se mêlera au vent et pleurera la mort de mes amis. Dans sa course, le chasseur m'entend, il redoute ma voix et il l'aime; ma voix doit être douce à mes amis; tous deux ils m'étaient si chers! »

« Tel était ton chant, ô fille de Thormans, Minona qui rougis doucement. Nos larmes coulèrent pour Colma, et notre esprit devint sombre.

« Ullin s'avança, la harpe à la main, et nous donna le chant d'Alpin. La voix d'Alpin nous était chère; l'âme de Ryno était un rayon de feu. Mais bientôt ils reposèrent dans l'étroite demeure, et leur voix ne résonna plus dans Selma. Mais Ullin revint jadis de la chasse avant que les héros ne fussent tombés; il entendit la lutte de leurs chants sur la colline; il est doux, mais triste, leur chant. Ils pleuraient la chute de Morar, le premier des héros. Son âme était comme l'âme de Fingal, son épée comme l'épée d'Oscar; mais il tomba, et son père se lamenta, et les yeux de sa sœur furent pleins de larmes; oui, pleins de larmes, les yeux de Minona, la sœur du grand Morar! Elle se retira devant les chants d'Ullin, pareille à la lune dans l'ouest, quand elle prévoit les pluies et la tempête, et qu'elle cache sa belle tête dans les nuages. Je jouai de la harpe avec Ullin, pour le chant des lamentations. »

RYNO.

« Le vent et la pluie sont passés; le ciel est brillant, les nuages se dispersent, et dans sa fuite le soleil qui tombe éclaire la colline, le torrent empourpré descend de la montagne dans la vallée. Doux est ton murmure, ô torrent! mais plus douce encore la voix qui gémit sur les morts. La vieillesse a courbé sa tête, les larmes ont rougi ses yeux ; Alpin, noble barde, pourquoi seul sur la colline silencieuse? pourquoi te lamentes-tu, comme un coup de vent dans les bois, comme une vague sur un lointain rivage? »

ALPIN.

« Mes larmes, Ryno, sont pour les morts ; mes chants, pour les habitants de la tombe ; tu es grand sur la colline, tu es beau entre tous les fils de la bruyère, mais tu tomberas comme Morar, et celui qui pleure viendra s'asseoir sur ton tombeau. Les collines t'oublieront, et dans la salle des festins ton arc pend aux murailles, détendu.

« Tu étais rapide, ô Morar, comme le chevreuil sur la montagne, effrayant comme les feux nocturnes dans le ciel. Ta colère était une tempête, et ton épée dans la bataille semblable aux lueurs de l'orage sur la bruyère; ta voix, pareille au torrent de la forêt après la pluie, au tonnerre sur les montagnes lointaines. Beaucoup sont tombés sous ton bras; la flamme de ton courroux les a consumés. Mais, quand tu revenais de la bataille, comme ta voix était douce ! ton visage, c'était le soleil après l'orage, la lune dans la nuit silencieuse; et ton sein était calme comme la mer quand le tumulte des vents s'est apaisé.

« Étroite est maintenant ta demeure, et sombre ton séjour. Avec trois pas je mesure ta tombe, ô toi qui jadis étais si grand! Quatre pierres aux chapiteaux couverts de mousse, voilà ton seul monument; un arbre sans feuillage, de longues herbes qui murmurent sous le vent, voilà tout ce qui indique à l'œil du chasseur la tombe du puissant Morar. Tu n'as pas de mère pour te pleurer, aucune vierge pour te donner les larmes de l'amour! Elle est morte, celle qui t'a enfanté ; elle est tombée, la fille de Morglan!

« Qui vois-je courbé sur son bâton? quel est celui dont les années ont blanchi la tête, dont les larmes ont rougi les yeux ?... C'est ton père, ton père qui n'avait d'autres fils que toi; il a su ton renom dans la bataille et la défaite de tes ennemis... il a entendu la gloire de Morar ; mais ce n'était pas ta bouche qui la racontait. Pleure, père de Morar, pleure! mais ton fils ne peut t'entendre. Profond est le sommeil des morts, et bien bas l'oreiller de poussière du dernier sommeil ; il ne prendra plus garde à ta voix et il ne se réveillera plus à ton appel. Quand sera-ce donc le matin dans la tombe, pour dire au dormeur : « Éveille-« toi! »

« Adieu, ô le plus noble des hommes, illustre vainqueur sur les champs de bataille. Mais les champs de bataille ne te verront plus jamais. Jamais l'éclair de ton glaive ne luira dans l'ombre des bois. Tu ne laisses aucun fils après toi ; mais les bardes conserveront ton nom ; les temps futurs entendront parler de toi. Ils connaîtront Morar tombé! »

« Retentissante fut la plainte du héros, plus retentissante que tous les douloureux soupirs d'Armin. Le barde lui rappelait la mort de son fils qui tomba dans les jours de la jeunesse. Carmor s'assit près du héros,

prince de Galmal, aux échos sonores. « Pourquoi,
« dit-il, se gonfle le sein d'Armin? Qu'y a-t-il à pleurer
« ici? Est-ce que la harpe et le chant ne résonnent
« point pour consoler et charmer les âmes, pareils au
« doux nuage qui monte de la mer, s'étend sur la
« vallée et baigne de rosée le sein des fleurs épanouies?
« Mais le soleil revient dans sa force, et le brouillard
« est chassé. Pourquoi es-tu plongé dans la douleur,
« ô Armin, maître de Gorma qu'entoure la mer aux
« flots roulants? »

ARMIN.

« Triste! oui, je le suis, et elle n'est pas petite la
cause de ma douleur. Carmor, tu n'as pas perdu de fils,
tu n'as pas perdu de fille dans sa fleur. Solgar le brave
vit toujours, et aussi Amira, la plus belle des filles.
Les branches de ta souche fleurissent, ô Carmor! Mais
Armin est le dernier rameau de son arbre. Ta couche
est sombre, Daura, et profond ton sommeil dans la
tombe. Quand t'éveilleras-tu, et avec toi tes chants et
ta voix mélodieuse? Allons, vents de l'automne, allons!
déchaînez l'ouragan sur la bruyère sombre. Tempête
des bois, gronde; mugis, ô tempête, dans la cime des
chênes, à travers les nuages déchirés; ô lune, tour à tour
montre et cache ton pâle visage. Rappelle-moi la nuit
terrible où mes enfants périrent, où Arindal le puissant tomba, où Daura l'aimable mourut.

« Daura, ma fille, tu étais belle! belle comme la
lune sur la colline de Fura, blanche comme la neige
nouvelle, douce comme l'air que l'on respire. Arindal,

ton arc était fort, ta lance rapide sur le champ de bataille, ton regard comme le brouillard sur les vagues; ton bouclier, un nuage de feu dans la tempête.

« Armar, célèbre dans les batailles, vint et demanda l'amour de Daura. Elle ne le refusa pas longtemps. Belles étaient pour eux les espérances de l'avenir.

« Érath, le fils d'Orgallo, frémissait de rage, parce que son frère avait été tué par Armar. Il vint, déguisé en matelot : belle était sa barque sur les vagues. Ses cheveux étaient blanchis par l'âge; son visage était paisible et grave. « O la plus belle des vierges, disait-
« il, aimable fille d'Armin, là-bas, sur un rocher,
« non loin du rivage, Armar attend Daura. Je viens
« pour conduire à lui son amour sur la mer aux flots
« roulants.

« Elle le suit et appelle Armar. Seule, la voix du rocher lui répond : « Armar, mon ami, mon ami !
« pourquoi me tourmenter ainsi? Entends-moi, ô fils
« d'Arnath, entends-moi; c'est Daura, Daura qui t'ap-
« pelle ! »

« Érath, le traître, riait en fuyant vers la terre. Elle éleva la voix ; elle appela son frère et son père : « Arin-
« dal, Armin ! aucun de vous ne viendra-t-il sauver
« sa Daura? » Sa voix nous arriva par-dessus les flots. Arindal, mon fils, descendait de la colline, tout chargé du butin de la chasse. Ses flèches sonnaient à ses côtés ; il portait un arc à la main, et un grand dogue gris et noir bondissait autour de lui. Il aperçut l'audacieux Érath sur le rivage ; il le saisit et le lia au

tronc d'un chêne, en faisant passer la corde autour de ses reins ; le captif remplissait l'air de ses gémissements. La barque d'Arindal s'avança sur les flots ; il allait pour délivrer Daura. Mais Armar vint dans sa colère ; il lança la flèche aux pennes grises, elle siffla et s'enfonça dans son cœur, ô Arindal, mon fils ; ce fut toi qui péris, au lieu du traître. La barque atteignit le rocher ; Arindal tomba et mourut ; le sang de ton frère coula sur tes pieds, ô Daura ; amère fut ta douleur.

« Les vagues brisèrent la barque. Armar se jeta dans la mer pour délivrer Daura... ou pour mourir ; mais soudain l'ouragan s'abattit de la colline sur les vagues. Armar tomba, et ne se releva plus.

« Seul, sur les rochers que la mer couvre d'écume, j'entendis les lamentations de ma fille. Nombreux et retentissants étaient ses cris, et son père ne pouvait la sauver. Toute la nuit je restai sur le rivage. Je la voyais encore sous le rayon pâle de la lune. Toute la nuit j'entendis ses lamentations. Le vent était bruyant et la pluie perçante tombait sur le flanc de la colline. Sa voix devint faible, et, avant que le matin ne brillât, elle avait expiré. Ainsi s'exhale le souffle du soir, à travers les herbes du rocher. Accablée de chagrin, elle mourut, laissant Armin seul. Elle est partie, ma force dans la bataille ; il est tombé, mon orgueil entre toutes les vierges.

« Quand viennent les tempêtes sur la colline, quand le vent du nord soulève haut les vagues, je m'assieds sur le rivage retentissant, et je regarde vers ces rochers terribles. Souvent, quand la lune descend du ciel, je vois les ombres de mes enfants, et, sous le clair-obscur, je les aperçois qui marchent ensemble dans un accord mélancolique. »

Un torrent de larmes, qui s'échappa des yeux de Charlotte comme pour soulager l'angoisse de son cœur, interrompit la lecture. Werther rejeta le manuscrit, prit la main de Charlotte, et pleura les larmes les plus amères. Charlotte, appuyée sur l'autre main, cachait ses yeux dans son mouchoir. Leur émotion à tous deux était terrible. Dans le destin de ces nobles infortunés, ils sentaient leur propre malheur; ils le sentaient ensemble, et leurs larmes se mêlaient; les lèvres et les yeux de Werther brûlaient le bras de Charlotte; un frisson passa sur elle, elle voulut s'éloigner. La douleur et la pitié pesaient sur son cœur comme un plomb lourd, et la rendaient muette. Elle respira, comme pour reprendre un peu de courage, et le pria, en soupirant et d'une voix toute céleste, de continuer sa lecture. Werther tremblait; son cœur voulait éclater; il reprit le papier, et, d'une voix à demi brisée, il lut :

« Pourquoi me réveilles-tu, souffle du printemps? tu caresses et tu dis : « Mes rosées sont les larmes du ciel. » Ah! le moment arrive où je vais me flétrir ; la tempête approche, qui m'enlèvera mes feuilles. Demain le pèlerin viendra, celui qui m'a vu dans ma beauté, et tout alentour ses yeux me chercheront et ne me trouveront pas. »

12.

Toute la force de ces paroles tomba sur les infortunés. Werther, dans le plus ardent désespoir, se jeta aux pieds de Charlotte. Il prit sa main et la pressa contre ses yeux et contre son front. Un pressentiment de son funeste projet traversa tout à coup l'âme de Charlotte. Ses sens s'égarèrent. Elle serra ses mains, elle les retint contre sa poitrine, et, dans la plus douloureuse émotion, elle se pencha vers lui ; leurs joues brûlantes se touchèrent. Le monde disparut. Il enlaça ses bras autour d'elle, l'étreignit contre sa poitrine, couvrit de baisers éperdus ses lèvres frémissantes et balbutiantes. « Werther ! » disait-elle d'une voix étouffée, en se détournant. « Werther ! » fit-elle encore, avec l'accent imposant du plus noble sentiment. Il ne résista point ; il la laissa échapper de ses bras, et, tout hors de lui, il se jeta à terre devant elle. Elle s'éloigna, et dans un trouble rempli d'angoisse, tremblant entre l'amour et la colère : « C'est pour la dernière fois, Werther ! vous ne me verrez plus ! » Et, jetant au malheureux un regard encore rempli d'amour, elle se retira dans la chambre voisine, qu'elle ferma sur elle. Werther lui tendit les bras, mais n'osa pas la suivre. Il resta par terre, la tête sur le canapé ; il demeura plus d'une demi-heure dans cette position, jusqu'au moment où il entendit du bruit. Ce bruit le ramena à lui-même. C'était la servante qui venait mettre la table. Il allait et venait dans la chambre ; quand il se vit seul de nouveau, il s'avança jusqu'à la porte du cabinet, et d'une voix douce il appela Charlotte. « Charlotte ! encore un mot, un mot seulement, un adieu ! » Elle se tut. Il écoutait, il priait, puis il écoutait encore. Enfin il s'éloigna en disant : « Adieu, Charlotte, pour toujours adieu ! »

Il vint à la porte de la ville. Les gardiens, qui étaient accoutumés à le voir, le laissèrent sortir sans dire mot. Il erra sous la pluie et la neige, et rentra vers onze heures. Son domestique remarqua qu'il revenait chez lui sans chapeau. Il n'osa rien lui dire : il le déshabilla, et s'aperçut que tout était mouillé. Depuis on trouva le chapeau sur un rocher qui domine la vallée, du haut d'un précipice. On ne comprend pas comment, dans l'obscurité d'une nuit de tempête, il put arriver jusque-là sans être englouti.

Il se mit au lit et dormit longtemps. Lorsque le lendemain, le domestique, sur son appel, entra dans la chambre pour lui apporter le café, il le trouva écrivant. C'était la suite de sa lettre à Charlotte :

« C'est pour la dernière fois que j'ouvre les yeux... Il ne doivent plus, ah ! ils ne doivent plus voir le soleil ! Un nuage sombre et triste le voilera toute cette journée. Pleure donc, ô nature ! ton fils, ton ami, ton bien-aimé approche de sa fin. Charlotte, c'est là un sentiment sans pareil, quelque chose comme un rêve obscur, que de se dire à soi-même : « Voici mon dernier matin ! » Le dernier ! Charlotte, je n'ai aucune idée de ce que veut dire ce mot-là : le dernier. Est-ce que je ne suis pas maintenant debout, et dans toute ma force ? et demain, couché sur le sol, roide et muet ! Mourir ! qu'est-ce que cela ? Nous rêvons quand nous parlons de la mort. J'en ai vu mourir plusieurs ; mais le sentiment de notre humanité est resserré dans de si étroites limites, que le commencement et la fin de la vie échappent également à nos perceptions, et maintenant... Moi! toi! toi, ô chère! et dans un moment, absent, disparu, et pour toujours peut-être! Non Charlotte, non! Comment puis-je périr? comment peux-tu périr? Nous sommes, oui, nous sommes! Périr... qu'est-ce que cela? ce n'est qu'un mot, une syllabe vaine, et qui n'a pas de sens pour mon cœur. Mort, Charlotte, mort! Enfoui dans la terre... c'est si froid, si étroit... si noir! J'avais une amie; elle a été tout pour ma jeunesse sans appui : elle mourut! Je suivis son corps; je me tins sur le bord de la fosse, pendant qu'on laissait glisser le cercueil, et que les cordes grinçaient en dessous et rapidement remontaient, pendant que les premières pelletées de terre tombaient et retentissaient, et que les planches, qui disparaissaient, renvoyaient un son mat et sourd, de plus en plus sourd, jusqu'à ce qu'il s'éteignit tout à fait. Je me jetai sur cette tombe, saisi, frissonnant, oppressé d'angoisses, brisé dans le plus intime de mon être; et pourtant je ne savais ni ce qui a été de moi autrefois, ni ce qui adviendra de moi un jour. Mort! tombeau! des mots que je ne comprends pas!

« Oh! pardonne-moi, pardonne-moi! Hier! ce devait être le dernier instant de ma vie. O mon ange! pour la première fois... pour la première fois... sans l'ombre d'un doute, cette pensée délicieuse a passé comme du feu dans mon âme : « Elle m'aime, elle m'aime! » Elle brûle encore sur mes lèvres, cette flamme céleste qui jaillissait des tiennes. Je sens dans mon cœur de nouvelles délices, d'ardentes délices. Pardonne-moi, pardonne-moi !

« Ah ! je le savais bien que tu m'aimais ! Je l'ai su à ton premier regard, tout plein de ton âme, à la première pression de ta main... Et cependant, quand j'étais éloigné de toi, ou quand je voyais Albert à tes côtés, je retombais dans un doute fiévreux.

« Te rappelles-tu ces fleurs que tu m'as envoyées, quand, au milieu de cette société maudite, tu n'as pas pu me dire une parole ou seulement me tendre la main ? Je suis resté à genoux devant elles, la moitié de la nuit, et elles ont mis comme le sceau à ton amour. Mais, hélas ! cette impression s'est effacée, comme s'efface de l'âme d'un croyant le sentiment de la grâce de son Dieu tout-puissant, reçue pourtant avec une ferveur céleste dans le sacrement qui en est le signe visible.

« Tout cela est passager ! mais aucune éternité n'éteindra maintenant cette flamme de la vie qui s'est allumée hier sur tes lèvres et que je sens en moi. Elle m'aime ! ces bras l'ont enlacée, ces lèvres ont frémi sur les siennes; cette bouche a balbutié sur sa bouche. Elle est à moi ! tu es à moi ! oui, Charlotte, pour toujours !

« Et qu'importe qu'Albert soit ton époux ? ton époux ! c'est bon pour ce monde, seulement pour lui, et c'est pour ce monde aussi qu'il y a faute si je t'aime et si je veux t'arracher de ses bras pour te prendre dans les miens. Faute ! soit ! et c'est pour cela que je me punis. Ah ! cette faute, je l'ai savourée dans ses ineffables délices, j'ai senti dans mon cœur et la force et le baume de la vie. De ce moment tu as été à moi, à moi, ô Charlotte ! je m'en vais devant. Je m'en vais à mon père, à ton père. Je me plaindrai à lui ; et jusqu'à ce que tu viennes il me consolera. J'irai à ta rencontre, je te prendrai ! et devant la face de l'Éternel, je resterai uni à toi dans un éternel embrassement.

« Je ne rêve point, je ne délire point. A l'approche du tombeau tout s'éclaire pour moi. Nous serons : nous nous reverrons ! Nous verrons ta mère, je la verrai, je la trouverai, et je répandrai mon cœur devant elle ; ta mère, ta propre image ! »

Vers onze heures, Werther demanda à son domestique si Albert était revenu. Le domestique répondit que oui et qu'il avait vu reconduire son cheval. Werther lui donna ce billet tout ouvert :

« Voulez-vous bien me prêter vos pistolets pour un voyage que je vais faire ? Je vous souhaite une parfaite santé. »

La pauvre femme n'avait guère dormi la nuit précédente. Ce qu'elle redoutait était arrivé, mais arrivé d'une façon qu'elle ne pouvait ni craindre ni pressentir. Son sang, qui jusque-là avait coulé si pur et si léger, était maintenant dans une agitation fiévreuse. Mille sentiments divers déchiraient son cœur. Était-ce le feu des embrassements de Werther qu'elle sentait encore dans sa poitrine ? Était-ce de l'irritation contre son audace ? Était-ce la comparaison décourageante de son état présent avec ces jours de joyeuse et libre innocence et de confiance en soi, que n'altérait aucun souci? Comment devait-elle aborder son mari? Comment lui faire connaître une scène qu'elle pouvait parfaitement lui avouer, et que cependant elle n'osait pas s'avouer à elle-même? Ils avaient si longtemps gardé le silence vis-à-vis l'un de l'autre! Devait-elle rompre la première cette sorte de trêve, et lui faire cette confidence inattendue dans un moment d'ailleurs peu propice? Elle craignait déjà que cette fâcheuse nouvelle de la visite de Werther n'eût produit une impression fâcheuse sur Albert. Et maintenant cette catastrophe si imprévue! pouvait-elle bien espérer qu'il la verrait sous son véritable jour et sans que rien troublât son jugement? Pouvait-elle maintenant désirer qu'il lût dans son âme? eh! cependant, pouvait-elle dissimuler devant un homme pour lequel elle avait toujours été limpide et claire comme le pur cristal, auquel jamais elle n'avait ni caché ni voulu cacher le moindre de ses sentiments? Tout cela l'accablait et la jetait dans une perplexité cruelle; mais ses pensées revenaient toujours à Werther, qui était perdu pour elle, qu'elle ne pouvait pas — et qu'elle devait, hélas! — abandonner à lui-même, et à qui, elle perdue, il ne restait plus rien.

Elle-même, en ce moment, ne pouvait pas se rendre compte bien clairement de la lutte violente qui s'établissait en elle. Des hommes si intelligents, si bons, par suite d'un désaccord secret, avaient commencé à garder le silence vis-à-vis l'un de l'autre; chacun pensait à ses droits et aux torts de son ami, et peu à peu les relations s'étaient tellement aigries et tendues, qu'il était impossible de dénouer le nœud, dans le moment critique dont tout dépendait. Si une heureuse confiance se fût plus tôt rétablie entre eux ; si l'affection et la mutuelle indulgence eussent été plus vives dans leurs âmes ; si leurs cœurs s'étaient ouverts, ah ! notre pauvre ami pouvait encore être sauvé... peut-être !

Il se rencontra une autre circonstance fatale : Werther, comme nous avons pu l'apprendre par ses lettres, n'avait jamais fait mystère de son envie de quitter le monde. Albert l'avait souvent combattue, et plus d'une fois la conversation était tombée là-dessus entre les époux. Albert, qui éprouvait contre le suicide une antipathie invincible, avait aussi plus d'une fois laissé voir, et avec une vivacité d'émotion tout à fait étrangère à son caractère, qu'il avait plus d'un motif de douter de la sincérité d'un tel projet ; il s'était même permis à ce sujet quelques plaisanteries, et avait fini par faire partager à Charlotte son incrédulité. Si cette incrédulité la calmait un peu quand sa pensée lui offrait de tristes images, elle la détournait aussi de communiquer à son mari les soucis qui la tourmentaient en ce moment.

Albert revint. Charlotte alla à lui avec un empressement inquiet : il n'était pas gai. Son affaire n'était pas terminée ; il avait trouvé dans le bailli voisin un homme difficile et minutieux. Le mauvais chemin avait aussi contribué à le mettre de mauvaise humeur.

Il demanda s'il n'était rien arrivé, et elle répondit,

en glissant légèrement sur ce détail, que Werther était venu la veille. Il demanda s'il y avait des lettres ; il lui fut répondu qu'il y avait des lettres et des paquets dans sa chambre. Il y alla, et Charlotte demeura seule. La présence de l'homme qu'elle aimait et qu'elle respectait avait produit une nouvelle impression sur son cœur. La pensée de ses nobles sentiments, de son amour, de sa bonté, avait raffermi son courage. Elle se sentait comme secrètement entraînée à le suivre. Elle prit son ouvrage et alla dans sa chambre ; elle le trouva occupé à ouvrir les paquets et à lire. Le contenu de quelques-uns ne semblait pas fort agréable. Elle fit quelques questions ; il répondit brièvement et se mit à son pupitre pour écrire.

Ils restèrent ainsi une heure l'un près de l'autre. Il faisait de plus en plus sombre dans l'âme de Charlotte ; elle sentait combien il lui serait difficile d'avouer à son mari, même dans un moment de bonne humeur extrême, tout ce qui lui pesait sur le cœur. Elle tomba dans un abattement d'autant plus pénible, qu'elle était obligée de le cacher, et qu'il lui fallait dévorer ses larmes.

L'apparition du domestique de Werther la jeta dans le plus grand trouble. Elle tendit le billet à Albert, qui lui dit en se tournant négligemment vers elle : « Donne-lui les pistolets. — Je lui souhaite un bon voyage, » continua-t-il en s'adressant au domestique. Tout ceci tomba sur Charlotte comme un coup de tonnerre. Elle était sur le point de s'évanouir ; elle ne savait plus ce qui lui arrivait. Lentement elle alla vers le mur, toute tremblante ; elle y prit les pistolets, essuya la poussière... elle hésitait, et elle ne les eût pas donnés sitôt si Albert ne l'eût hâtée par un regard interrogateur. Elle remit l'arme fatale au jeune homme sans pouvoir ajouter un mot. Quand il fut sorti, elle prit son ouvrage et s'en alla dans sa chambre, en proie à une inquiétude indicible. Son cœur pressentait la terrible catastrophe. Elle était sur le point d'aller se jeter aux pieds de son mari et de tout lui avouer, et ce qui était arrivé la veille au soir, et sa faute et ses terreurs. Mais elle ne vit aucun chance possible de déterminer Albert à une entrevue avec Werther. La table se trouva mise ; une excellente amie, qui était venue pour demander quelque chose et qui voulait s'en aller, resta pourtant : cela rendit l'entretien possible ; on se contraignit, on causa, on conta, on s'oublia.

Le garçon rapporta les pistolets à Werther, qui les prit avec ravissement, quand il sut que c'était Charlotte qui les lui avait donnés. Il se fit apporter du pain et du vin, dit au domestique d'aller souper et se remit à écrire.

« Ils ont passé par tes mains, tu en as essuyé la poussière... Je les baise mille fois, tu les as touchés !... Toi-même, ange du ciel, tu confirmes ma résolution ! C'est toi, Charlotte, qui me tends l'arme... toi, des mains de qui je voulais recevoir la mort, et de qui, hélas ! je la reçois maintenant. Oh ! j'ai interrogé ce garçon ; tu tremblais en les lui remettant... mais tu ne m'as envoyé aucun adieu... Malheur ! malheur ! aucun adieu ! Devais-tu me fermer ainsi ton cœur pour la faute d'un seul instant... quand elle me sépare à jamais de toi... Charlotte! des milliers d'années n'effaceront pas cette impression, et, je le sens, tu ne peux pas haïr celui qui brûle ainsi pour toi! »

Après le repas, il donna ordre au domestique d'emballer tout. Il déchira beaucoup de papiers; il sortit, acquitta quelques petites notes, rentra chez lui, sortit de nouveau, mais cette fois hors de la ville, et, malgré la pluie, alla dans le jardin du comte; il se promena plus loin dans les campagnes environnantes, revint à la nuit tombante, et écrivit:

« Wilhelm, j'ai vu pour la dernière fois les campagnes, les bois, le ciel... Adieu aussi à toi, chère mère, pardonne-moi! Console-la, Wilhelm. Que Dieu vous bénisse! Toutes mes affaires sont en ordre. Adieu. Nous nous reverrons, et plus heureusement. »

« Je t'ai mal récompensé, Albert, et cependant tu me pardonneras. J'ai détruit la paix de ta maison. J'ai jeté la mésintelligence entre vous deux. Adieu, je vais mettre un terme à tout cela. Puisse ma mort vous rendre le bonheur! Albert, Albert... rends cet ange heureux! et qu'ainsi la bénédiction de Dieu demeure sur toi! »

Il passa encore une partie de la soirée à mettre de l'ordre dans ses papiers; il en déchira beaucoup qu'il jeta au feu; il cacheta aussi quelques paquets à l'adresse de Wilhelm. Ils contenaient de petits fragments, des pensées détachées, que j'ai vues en grande partie. Vers dix heures il fit arranger le feu, demanda une bouteille de vin, renvoya coucher son domestique, dont la chambre était plus haut, comme celle de tous les gens de service de la maison. Celui-ci se jeta sur son lit tout habillé, pour être prêt de meilleure heure, car son maître lui avait dit que les chevaux de poste seraient avant six heures à la porte.

Onze heures passées.

« Tout est si calme autour de moi, et mon âme est si tranquille ! Mon Dieu, je te remercie d'avoir envoyé à mes derniers instants cette chaleur et cette force.

« Chère, je vais à ma fenêtre, et je vois, je vois, à travers les nuages qui s'enfuient chassés par la tempête, les rares étoiles éparses dans le ciel éternel. Non, vous ne tomberez point ; l'Éternel vous porte dans son cœur, et moi aussi ! Je vois la constellation du Chariot, les plus charmantes entre toutes les étoiles leurs sœurs. Quand je revenais de chez toi, la nuit, au moment où je franchissais ta porte ; je la voyais là-haut devant moi. Oh ! avec quelle ivresse souvent je l'ai regardée ! Souvent, les mains tendues vers elle, je l'ai prise à témoin comme un monument sacré de ma félicité présente... et même, ô Charlotte ! y a-t-il une chose qui ne te rappelle point à moi ? Est-ce que je ne suis point comme entouré de toi ? et n'ai-je point, comme un enfant, rassemblé de toutes parts toutes les petites choses que tu as touchées, ô ma sainte !

« Chère silhouette ! maintenant, Charlotte, je te la rends, et je te prie de la respecter. J'ai imprimé sur elle mille et mille baisers. Mille fois je l'ai saluée, quand je sortais de chez moi ou quand j'y rentrais.

« J'ai écrit un petit billet à ton père, pour le prier de protéger mon corps. Dans le cimetière, il y a deux tilleuls, tu sais dans le coin, du côté des champs : c'est là que je voudrais reposer. Il pourra, il voudra faire cela pour son ami. Prie-le aussi, toi. Je ne veux pas donner aux pieux chrétiens le chagrin d'avoir près de leurs corps celui d'un pauvre malheureux comme moi. Ah ! que l'on m'enterre où l'on voudra, sur un chemin ou dans une prairie solitaire ; mais que le prêtre et le lévite passent rapidement devant ma pierre en exaltant leur vertu, et que le Samaritain répande une larme sur elle.

« Et maintenant, Charlotte, je ne tremble pas en prenant la coupe froide où je vais puiser l'ivresse de la mort. C'est toi qui me la présentes : je ne la repousse pas. Voilà la fin de tout, de tout ! Ainsi sont remplis tous les désirs, toutes les espérances de ma vie ! me voici, froid déjà, et à demi insensible, frappant aux portes d'airain de la mort.

« Charlotte ! que n'ai-je pu du moins avoir le bonheur de mourir pour toi, de me sacrifier pour toi ! Je mourrais avec courage, avec joie, si je pouvais te rendre la paix et toutes les félicités de la vie. Mais, hélas ! il n'a été accordé qu'à quelques nobles créatures de répandre leur sang pour ce qui leur était cher, et d'allumer par leur mort une vie nouvelle et centuplée dans le sein qu'ils avaient aimé!

« Charlotte, je veux qu'on m'ensevelisse dans ces habits. Tu les as touchés, tu les as sanctifiés. J'ai encore demandé cela à ton père. Mon âme plane sur le cercueil. Qu'on ne me fouille pas! Tu sais, ces nœuds rose pâle que tu portais au sein, la première fois que je t'ai vue au milieu des enfants... Ah! les chers petits, embrasse-les mille fois, et conte-leur l'histoire de leur malheureux ami. Ils se pressaient autour de moi, ah! comme moi-même je m'attachais à toi! depuis le premier moment où je t'ai vue, je n'ai plus voulu te quitter... Ces nœuds... il faut qu'on les enterre avec moi; tu me les as donnés le jour de ma naissance. Comme je dévorais tout cela! Ah! je ne savais point que ce chemin me conduirait là. Sois calme, je te prie, sois calme.

« Ils sont chargés, minuit sonne. Allons! c'est maintenant. Charlotte, Charlotte! adieu, adieu! »

Un voisin vit l'éclair de l'amorce; il entendit le coup; mais, comme ensuite tout resta paisible, il n'y pensa plus.

Le lendemain, vers six heures, le domestique entre avec de la lumière; il voit son maître par terre, les pistolets, du sang; il l'appelle, il le prend dans ses bras : pas de réponse! cependant il râlait encore. Le domestique courut chez le médecin, chez Albert.

Charlotte entendit le coup de sonnette; un tremblement saisit tous ses membres. Elle réveilla son mari : ils se levèrent. Le domestique, criant et gémissant, annonça la nouvelle. Charlotte tomba évanouie aux pieds d'Albert.

Quand le médecin arriva près du malheureux, il le trouva perdu sans ressource : le pouls battait, mais les membres étaient paralysés : il s'était tiré le coup au-dessus de l'œil droit. La cervelle avait sauté. On ne négligea rien : on ouvrit une veine ; le sang coula ; il y avait encore de la respiration.

On pouvait conclure du sang répandu sur le dossier du fauteuil, qu'il avait accompli le dernier acte assis devant son pupitre, qu'il était tombé dessous, et qu'il s'était roulé autour du siége, dans les convulsions de l'agonie ; il était étendu sur le dos, sans mouvement, contre la fenêtre, complétement habillé et tout botté, en frac bleu, en gilet jaune.

La maison, le voisinage, la ville, tout le monde fut dans l'agitation. Albert entra. On avait placé Werther sur le lit, le front bandé. Son aspect était celui d'un mort ; il ne faisait aucun mouvement ; seulement la poitrine avait un râle effrayant, tantôt faible et tantôt fort. On attendait sa fin.

Il n'avait bu qu'un seul verre de vin. Un livre, *Emilia Galotti*, était ouvert sur son bureau.

Qu'on me permette de ne rien dire de l'accablement d'Albert et du désespoir de Charlotte.

Le vieux bailli accourut dès qu'il sut la nouvelle. Il embrassa le moribond en pleurant à chaudes larmes. Les plus grands de ses fils vinrent après lui, à pied ; ils se jetèrent sur le lit avec tous les signes de la plus ardente douleur ; ils baisaient Werther sur les mains et sur la bouche. L'aîné, qu'il avait toujours le plus aimé, se collait à ses lèvres; il fallut l'en arracher de force. Il mourut vers midi. La présence du bailli et les précautions qu'il prit prévinrent une émeute. La nuit, vers onze heures, on l'enterra, au lieu que lui-même avait désigné. Le vieillard suivit le corps; les enfants et Albert ne le purent pas.

On craignit pour la vie de Charlotte. Des ouvriers portèrent le corps. Aucun prêtre ne l'accompagna.

FIN.

TABLE

Dédicace. 1

Introduction. 3

Werther. — Première partie. 47

Deuxième partie. 123

L'Éditeur au lecteur. 175

ÉDITIONS A 1 FRANC LE VOLUME
FORMAT IN-18 JÉSUS

BIBLIOTHÈQUE DES MEILLEURS ROMANS ÉTRANGERS

Ainsworth (W. Harrison) : Abigall, 1 vol. — Crichton, 1 vol. — La Tour de Londres, 1 v.

Alfieri (?) : César Borgia, ou l'Italie en 1500, 1 vol. — Les Filles d'Éphèse, 1 vol. — Pas... 1 vol. — Vendetta, 1 vol. — Windmill, 1 vol. — ...

Beecher-Stowe (Mme) : La case de l'oncle Tom, 1 vol. — La Fiancée du ministre, 1 vol.

Barzavio (?) : Nouvelles piémontaises, 1 vol.

Bulwer-Lytton (Sir Edward) : Œuvres, (? vol.) — Devereux, 2 vol. — Ernest Maltravers, 1 vol. — Le dernier des barons, 2 vol. — Le Désavoué, 2 vol. — Les Derniers jours de Pompéi, 1 vol. — Mémoires de Pisistrate Caxton, ? vol. — Mon roman, 2 vol. — Paul Clifford, ? vol. — Qu'en fera-t-il? 2 vol. — Rienzi, 2 vol. — Zanoni, 1 vol.

Cadalfero (E.) : Nouvelles andalouses, 1 vol.

Cervantes : Nouvelles, trad. 1 vol.

... (miss) : L'Allumeur de réverbères, 1 v. — Mabel Vaughan, 1 vol. — Le Roi... 1 vol.

... (miss Bronte) : Jane Eyre, ? vol. — ... 1 vol. — Shirley, 2 vol. — ...

... (Charles) : Œuvres, 23 vol. — ... — Pickwick, 2 vol. — Barnaby Rudge, ? vol. — Bleak-House, 2 vol. — Contes de Noël, 1 v. — David Copperfield, 2 vol. — Dombey et fils, 3 vol. — La petite Dorrit, 3 vol. — Le Magasin d'antiquités, 2 vol. — Les Temps difficiles, 1 vol. — Nicolas Nickleby, 3 vol. — Olivier Twist, 1 vol. — Paris et Londres en 1793, 1 vol. — Vie et aventures de Martin Chuzzlewit, ?

Disraeli : Sybil, 1 vol.

Freytag (G.) : Doit et Avoir, 3 vol.

Fullerton (lady) : L'Oiseau du bon Dieu, 1 vol.

Fullon (S. W.) : La comtesse de Mirandole, 1 v.

Gaskell (Mrs) : Œuvres, 6 vol. — Autour du sofa, 1 vol. — Marie Barton, 1 vol. — Cranford, 1 vol. — Marguerite Hale (?), ? vol. — Ruth, 1 vol.

Gerstæcker : Les deux Convicts, 1 vol. — Les Pirates du Mississipi, 1 vol. — Aventures d'une colonie d'émigrants en Amérique, 2 v.

Gœthe : Werther, 1 vol.

Gogol (N.) : Les Ames mortes, 2 vol.

Grant (J.) : Les Mousquetaires écossais, 2 vol.

Hacklander : Rustique et complaint, 1 vol. — Le Moment du bonheur, ? vol.

Hauff (W.) : Nouvelles, ? vol. — L'Aristocrate, 1 vol.

Hawthorne N. : La Lettre rouge, 1 vol.

Helberg (L.) : Nouvelles danoises, 4 vol.

Hildreth : L'Esclave blanc, 1 vol.

Immermann : Les Paysans de Westphalie, 1 vol.

James : Leonora d'Orco, 1 vol.

Kavanagh J. : Tuteur et Pupille, 1 vol.

Kingsley : Il y a deux ans, 2 vol.

Lever (?) : La Rose de Dekama, 2 vol. — Les Aventures de Ferdinand Huyck, 2 vol.

Lover (Ch.) : Harry Lorrequer, 2 vol. — L'homme du jour, 1 vol.

Ludwig (O.) : Entre ciel et terre, 1 vol.

Lulofah : Mémoires d'un gentilhomme... Sicilien, 1 vol.

Marvel (?) : La Rêve de la vie, 1 vol.

Milbaur : Légendes indienes, 3 vol.

Mayne-Reid : La piste de guerre, 1 vol. — Le Quarteron, 1 vol.

Musæe (?) : Alram, 1 vol.

Pouchkine : La Fille du capitaine, 1 vol.

Smith (J. F.) : La Femme aux pierreries, 1 vol. — L'héritage (Dick Tarkton), 2 vol.

Sollohoub (comte) : Nouvelles choisies, 1 vol.

Stephens (m. ss A. S.) : Opulence et Misère, 1 vol.

Thackeray : Œuvres, 8 vol. — Henry Esmond, 1 vol. — Histoire de Pendennis, 2 vol. — La Foire aux vanités, 2 vol. — Le Livre des snobs, 1 vol. — Mémoires de Barry Lyndon, 1 vol.

Tourgueneff : Scènes de la vie russe, 2 vol. — Mémoires d'un seigneur russe, 1 vol.

Trollope (Mrs) : La Pupille, 1 vol.

Wieland (C. M.) : Oberon, poème historique, 1 vol.

Wilkie Collins : Le Secret, 1 vol.

Zschokke : Aldrich des Mousses, 1 vol. — Le Château d'Aarau, 1 vol.

www.ingramcontent.com/pod-product-compliance
Lightning Source LLC
Chambersburg PA
CBHW071949160426
43198CB00011B/1603